LETTRES PHILOSOPHIQUES

DE

LA MONTAGNE

SUR QUELQUES

PROBLÈMES POLITIQUES ;

PAR

M. F. ALLIOT.

SENLIS

IMPRIMERIE CHARLES DURIEZ.

—

1850.

LETTRES PHILOSOPHIQUES

DE

LA MONTAGNE

SUR QUELQUES

PROBLÈMES POLITIQUES ;

PAR

M. F. ALLIOT.

LETTRE PREMIÈRE.

A M. Victor Hugo, sur le Suffrage universel.

—

Monsieur,

Je suis l'admirateur sincère de tout ce qu'il y a de vraiment beau dans une partie de vos œuvres ; la hardiesse puissante de votre imagination m'étonne; peut-être, monsieur, auriez-vous bien fait de vous en tenir à la littérature; vous auriez doté le genre romantique de richesses nouvelles, sinon de chefs-d'œuvre de goût. Cependant, vous brillez du haut de la tribune comme des sommets du Pinde. Chez vous le poète se change, dit-on, en prophète, et ne s'élève par l'inspiration sacrée dans des régions supérieures que pour voir de plus loin et plus juste. Presque tous vos discours politiques sont regardés comme des évènements, et sont répandus partout comme l'évangile de l'ère nouvelle de régénération, pour l'instruction des peuples, et dans l'intérêt le plus pressant du progrès des lumières. Nous n'aurions pas osé toucher du doigt à une si belle gloire, un peu usurpée, si elle n'était contraire à ce travail universel d'enfantement qui s'opère en Europe, et qui doit produire, selon vous, le solennel prodige de la transformation définitive du vieux monde en un monde nouveau, de philosophie, de terrestre béatitude. Les hautes destinées de l'humanité nous sont chères au même titre; les splendeurs futures de sa perfectibilité nous émerveillent également; nous ne pouvons que nous rendre un mutuel service en discutant les moyens d'accélérer et de faire surgir au plus tôt cette époque glorieuse.

Vous avez l'esprit trop bien fait pour nous en vouloir si le lecteur vous crie plus d'une fois : Prenez votre lyre, entonnez des hymnes, chantez, mais ne raisonnez pas; un poète comme vous s'aventurant dans le labyrinthe d'une argumentation, c'est Phaéton conduisant dans les plaines de l'air le char embrasé du Soleil, non sans quelque danger pour le salut du monde, si vous nous permettez d'emprunter un moment les grandes figures de votre langage. La lumière de l'esprit a plus d'éclat que celle de l'expérience, mais ne la vaut pas à beaucoup près, et ne saurait un instant soutenir le parallèle; bien que vous nommiez les hommes d'idées spéculatives des géants, et les hommes pratiques des nains, vous verrez les faits impitoyables accourir pour faire tomber les uns du haut de leurs échasses brisées, et pour grandir les autres. Débutons sur le suffrage universel par citer vos propres découvertes, et dérouler la chaîne brillante de vos considérations victorieuses.

« Oui, la grande sagesse et la grande justice du suffrage universel, dites-vous, c'est que non-seulement il confond et dignifie le bourgeois et le prolétaire auprès de l'urne du scrutin, mais que prenant pour base de la politique l'Évangile.... il va chercher dans l'accablement et dans le délaissement, dans l'abandon, l'homme de désespoir, et lui dit : raisonne, le pauvre, le déshérité, le malheureux, et le sacre citoyen [1]. »

« C'est de dire à chacun : Il y a un jour dans

---

[1] Le *Constitutionnel* du 29 mai 1850.

la vie où celui qui vous obéit, qui vous sert, deviendra votre égal; un jour où le journalier, le manœuvre, l'ouvrier, celui qui gagne sa vie à la sueur de son front, prend dans sa main durcie par le travail, tous les pouvoirs, et dit : la puissance, c'est moi.

« Un jour où la plus étroite poitrine se dilate à l'air des grandes affaires publiques, et sent vivre en lui l'âme de la patrie. De là quel accroissement de dignité pour l'individu! quelle satisfaction! »

« Regardez cet ouvrier qui entre dans le lieu du vote avec le front triste et accablé du prolétaire, il en sort avec le regard du souverain [1]! »

Rien de plus magnifique, monsieur, rien de plus enivrant que ces effets du suffrage universel, et s'ils sont réels, la cause profonde qui les produit est la plus belle conquête qu'ait pu faire l'homme du peuple; cependant, il me vient un scrupule dont je vous laisse le juge : Mais si le jour du vote est pour l'homme des dernières classes populaires un jour de triomphe et de bonheur radieux; si le lieu du scrutin est pour lui un nouveau Thabor où il doit monter et se transfigurer tout étincelant des signes non équivoques de la satisfaction, tout éblouissant de gloire, pourquoi donc, résistant à toutes les exhortations, aux plus pressantes solli-

[1] *Ibid.*

citations, aux vifs reproches, la pluplart de ces souverains refusent-ils d'apparaître sur le trône que la munificence de leur insigne bienfaiteur leur a préparé, de prendre part au scrutin ?.... Pourquoi arrachent-ils dédaigneusement de leur front les couronnes dont on les a ornés, pour les jeter à terre, les fouler à leurs pieds? Est-il du cœur humain d'abdiquer ce qui nous grandit étonnamment, de repousser avec mépris ce qui nous rend heureux? Oh! non, assurément; et les faits viennent ici briser brutalement les vaines et risibles visions du poète dans le délire de l'enthousiasme. On conçoit qu'un potentat, qui est parvenu à la domination de vastes contrées, et qui va commander à d'innombrables sujets, se sente agrandi et heureux dans ce solennel moment, et que son extérieur, son regard doivent refléter quelque chose de sa haute dignité, en révéler, si je puis ainsi dire, l'immense sentiment; mais le malheureux qui vient apporter dans l'urne un chiffon[1] dont il lui est impossible de juger la valeur, de rendre quelque compte, non-seulement n'est pas sacré souverain, n'est pas doté d'un empire, mais il n'est pas même parmi nous la dix-millionième

---

[1] Nous nous servons de ce terme, parce que nous l'avons entendu employer par des électeurs de la campagne qui raisonnaient leur vote et exprimaient combien il était peu moral et aventuré. Nous avons une autre idée d'un bulletin donné avec lumière et conscience.

partie d'un souverain ; il ne représente qu'un petit fragment de cette dix-millionième partie, celui qui consiste à nommer des hommes qui feront les lois comme ils l'entendront, selon leurs propres lumières ; et encore comment les nommer? à l'aventure, selon les chances d'un aveugle hasard, ou, ce qui est le plus ordinaire, sous l'ascendant oppresseur d'influences despotiques[1] ; non-seulement donc l'infortuné ne prend point en main tous les pouvoirs, mais il n'a pas même, très souvent, la liberté de choisir sans contrainte, à son gré, des hommes qui lui seraient connus; loin de pouvoir dire, sans un accès excessif d'exorbitant orgueil : la puissance, c'est moi, il ne lui sera pas même accordé de s'affranchir des diverses tyrannies qui vont peser sur lui, et des conséquences fâcheuses dont sera suivi son suffrage. Son pays est divisé en plusieurs grands partis opposés, irréconciliables, acharnés ; le prolétaire, dans sa triste puissance de souverain, est assailli, obsédé, me-

---

[1] On exagérerait et on se tromperait, si on poussait trop loin le sens de ces expressions. Il est des influences qui agissent sur l'homme du peuple et le déterminent, sans s'imposer, sans cesser d'être pacifiques; des influences d'hommes de bien. Il faut entendre aussi largement plus loin ces termes : animosité implacable; l'homme du peuple ne s'attire pas les animosités implacables de tout ceux du parti contre lequel il vote, car il est des hommes très tolérants dans toutes les opinions. Il suffit, pour justifier ces mots, que l'homme du peuple s'expose aux animosités implacables de quelques-uns contre lesquels il porte son suffrage.

nacé par les chefs de ces partis, ou par leurs partisans les plus fascinés, les plus audacieux; s'il vote pour l'un, il s'expose aux courroux, aux incriminations, aux ressentiments de l'autre; il appelle sur sa tête les disgrâces et les vengeances d'un patron, d'un bienfaiteur, d'un ami, d'un proche même, d'un compagnon tyran; au lieu de se sentir un souverain favorisé, il se sent donc un misérable esclave, à la merci de son ignorance profonde ou d'instigateurs rivaux, et comprend bien qu'il n'a rien de mieux à faire que de renoncer à l'exercice d'un rôle mortifiant, qui n'est propre qu'à aggraver son sort. Le peuple, resserré dans la sphère bornée de ses travaux pénibles et indispensables, forcé de pourvoir aux besoins du corps de chaque jour, en sera toujours réduit, dans l'accomplissement du devoir d'électeur, à ne faire qu'un acte matériel sans moralité, sans connaissance suffisante de causes, sans liberté, au gré de sa crédulité, des inspirations de son caprice, ou sous la domination d'une tourbe inexorable de frénétiques et d'ambitieux déterminés, qui ne cesseront de le travailler, de lui tourner la tête pour le faire servir à l'exécution de leurs desseins, ou à la satisfaction de leur égoïsme ardent. Ramené au sang-froid après les épreuves de l'expérience, il ne verra jamais dans l'exercice de sa souveraineté prétendue, qu'une mauvaise comédie dont il est le niais, qu'une occasion de se démontrer à lui-même et de sentir plus profondément son incapacité, son impéritie, et le joug dur d'une plus absolue dépendance; qu'un danger imminent d'encourir les rancunes, les animosités implacables et les excès des dispositions violentes de quelque parti; d'être la victime de rixes imprévues, de pertes inutiles de temps sans indemnité, de tentations de débauche et de frais, dont il aura regret[1]. Quel est l'individu que ces diverses pensées puissent bien flatter d'un éternel enthousiasme, et retenir avec une persévérance opiniâtre au charme si peu magique d'une puissance dérisoire, qui ne marche que le bandeau sur les yeux, ou sous la férule humiliante? Admis au vote universel, le peuple athénien fut d'abord tout de feu pour voler à l'urne du scrutin; mais bientôt son ardeur se ralentit; il fallut punir les indifférents; les peines ne suffirent plus, on fut forcé de décerner des récompenses pour faire accomplir ce grave devoir; est-il étonnant que la plupart des habitants de nos campagnes, sur les traces des Athéniens qui ont avec nous des rapports si frappants de ressemblance, abdiquent si facilement leur royale fonction, et donnent au monde le plaisant spec-

---

[1] Les élections, à l'inauguration du vote universel, se sont d'abord assez bien passées, à l'exception de quelques violences de commissaires; mais les institutions de ce genre, en vieillissant, dégénèrent; ainsi presque tous les citoyens se rendirent d'abord à l'urne du scrutin; aujourd'hui à peine la moitié daigne-t-elle voter.

tacle de diadèmes obstinément répudiés pour échapper aux embarras de la grandeur?

Mais le suffrage universel ne borne pas à couronner des citoyens et à les rendre bien heureux, ces avantages suprêmes; il est le palladium sacré des sociétés, la plus sûre garantie du maintien de l'ordre, de la prospérité générale, de la paix, selon vous, monsieur, qui vous en expliquez ainsi :

« Dans un temps donné, après les premières crises et les premières agitations inséparables de toute grande commotion sociale, le suffrage universel doit donner nécessairement le calme; car, tout ce qui grandit l'homme, l'apaise. Il dit à tous, en effet : soyez tranquille! vous êtes souverains.

« Vous avez voté, oui; et bien votre droit est épuisé; quand le vote de tous a parlé, le droit est épuisé. Votre heure reviendra, sachez l'attendre, et en l'attendant, discutez, moralisez, et éclairez vous et les autres.

« Le grand avantage du suffrage universel, ajoutez-vous, c'est de montrer à la souffrance une issue vers le bien-être et la lumière; c'est d'ajourner les échéances révolutionnaires; c'est, en un mot, de donner à tous les citoyens cette patience qui fait les grands peuples.

« Je disais que la proclamation du suffrage universel c'était la fin des séditions, la fin de la violence, la fin de la force brutale, la fin du fait matériel, le commencement du fait moral ; c'est le droit d'usurpation aboli par le droit du suffrage.

« Quoi ! vous écriez-vous avec énergie, vous êtes embarrassé du suffrage universel, hommes d'État ! Mais, grand Dieu ! c'est le point d'appui qui suffirait à un Archimède politique pour soulever le monde !

« Le suffrage universel, au milieu d'oscillations orageuses, crée un point fixe : la volonté nationale légalement manifestée, c'est-à-dire l'ancre qui ne se brise pas.

« Oui, grâce au suffrage universel, vous mettez au service de l'ordre un pouvoir où se condense toute la force de la Nation.

« A ces conditions (c'est-à-dire qu'il n'exclue personne), le suffrage universel produit le pouvoir, un pouvoir colossale, un pouvoir insurmontable à tous les assauts, même les plus terribles, témoins le 15 mai, le 23 juin [1]. »

Ces phrases solennelles et spéculatives, monsieur, permettez-nous cette franchise, dont vous donnez l'exemple du reste, renferment presque autant de contre-vérités énormes que de mots. Je sais qu'aussi un orateur guerrier [2] a dit, abondant dans votre sens, que sans le suffrage universel,

---

[1] Le *Constitutionnel* du 22 mai 1850.
[2] M. de Lamoricière, *ibid.*

l'insurrection formidable du 23 juin n'eût pu être vaincue; je le crois comme lui, mais c'est parce qu'elle n'eût point existé, ce qui eût encore mieux valu que la plus insigne victoire. Mais le triomphe teint de sang que paya alors si cher la patrie, était-il dû au bienfait du suffrage universel? La monarchie française, pour ne point en citer d'autres, privée du suffrage universel, a résisté durant quatorze siècles à toutes les commotions qui l'ont frappée, à toutes les coalitions des grands et des masses populaires, aux révoltes les plus étendues, les plus empreintes d'exaltations, pour ne pas dire les plus forcenées. Le pouvoir féodal succomba-t-il sous les assauts terribles de la jacquerie élevée aux transports de la plus indomptable fureur?

Si les faits de l'histoire vous étaient aussi connus, monsieur, qu'ils paraissent vous l'être peu, vous connaîtriez que le suffrage universel n'est le sûr gardien d'aucune autorité, et combien est fausse cette pensée qu'il crée un pouvoir insurmontable à tous les efforts ennemis, à toutes les attaques! Le suffrage universel a-t-il empêché, à Athènes, Pisistrate de s'emparer, par stratagème et par violence, de la puissance, et de renverser la république? N'a-t-il point laissé, à Syracuse, Denys-le-Tyran se saisir, à force ouverte et par ruse, du faisceau de tous les pouvoirs, et courber la cité sous sa main et la mettre dans les fers? Le suffrage universel avait consacré la Constitution de 93 : il ne la point empêché de céder la place à la Constitution de l'an III ; le suffrage universel a livré les libertés de Rome à César ; il a livré la république, reine de l'univers, à Auguste ; le suffrage universel a livré la république française au César des temps modernes, et s'est empressé de faire sur l'autel de la gloire le sacrifice de ses libertés. Loin d'être la sauvegarde de la démocratie et des libertés des empires, les masses populaires fourniraient plutôt elles-mêmes le glaive parricide destiné à les immoler.

Le peuple, en Hollande, n'a-t-il point aidé la maison d'Orange détrônée à reconquérir le sceptre, et à mettre fin à la réqublique? En vérité, monsieur, il semblerait que vous ne creusez votre sujet que pour y faire le vide, et vous élancer, à l'aide des pensées les plus superficielles, dans les nues, d'où vous perdez de vue les réalités de la terre ; vous nous dites que le suffrage universel, montrant à la souffrance une issue vers le bien-être et la lumière, donne à tous les citoyens la patience qui fait les grands peuples!.... Que ce qui grandit l'homme, l'apaise, etc. Ce sont là autant de sentances idéales, que ne ratifient ni l'expérience ni la réflexion. Le suffrage universel ne saurait montrer une issue vers le bien-être au grand nombre de malheureux que des passions dévorantes, la débauche, la dissolution, la dissipation, l'amour effréné du jeu, la paresse, la témérité dans les affaires, jettent dans la misère ou y retiennent, et remarquez que ce ne sont pas les moins prétentieux; si vous leur opposez leurs vices, ils vous citeront les mêmes penchants déréglés dans les hautes classes sociales, entourées des délices de l'opulence. La généralité des citoyens, sous les auspices du suffrage universel, fût-elle élevée au bien-être, qu'elle ne serait point satisfaite; elle aspirerait à quelque chose de plus. Est-il si facile, monsieur, de contenter des souverains? Tout ce qui grandit, dites-vous, apaise!... Vous prenez ici au rebours les lois du cœur humain, comme celles de l'histoire. Tout ce qui grandit l'homme, agrandit en même temps ses désirs, développe de plus en plus ses penchants ambitieux, exagère ses prétentions à l'indéfini. A qui ces axiômes de la vie morale de l'humanité tout entière sont-ils inconnus? Il est donc naturel que l'infortuné, quelle que soit la cause de son indigence, et l'homme médiocre, fastueusement décorés du titre pompeux de souverains, et déclarés en possession de créer tous les pouvoirs sociaux, conçoivent des prétentions énormes et redoutables.

Le suffrage universel dépouille aux yeux des masses populaires l'autorité de ceux qui gouvernent de son utile prestige, leur ôte tout ascendant sur elles; de là un esprit fâcheux d'indépendance, une impatience de tout joug chez des populations inquiètes comme les nôtres, une insubordination générale, incoërcible, effrénée.

En vain représentez-vous à ce peuple de rois indomptés et turbulents : que quand il a voté, son droit est épuisé; ce peuple, guidé par ses agitateurs les plus accrédités, ne l'entendra point ainsi. Instruit à votre école qu'il est souverain, et que sa souveraineté est inaliénable, il ne croira point que quand il a élu des pouvoirs, tout droit finisse pour lui; mais il pensera, qu'étant souverain et ne pouvant cesser de l'être, il demeure encore après le vote le maître de ceux qu'il a nommés, leur censeur, leur arbitre suprême et le vengeur de ses droits, s'ils ont forfait à leur devoir. Or, combien n'est-il point facile, parmi nous, de persuader au peuple à chaque acte du pouvoir, à chacune de ses mesures urgentes de répression : qu'il a trahi perfidement les intérêts de la nation; qu'il brise le pacte social; qu'il s'est rendu indigne de la gestion des affaires; qu'il y va du salut de la Patrie; que toutes les libertés encourent un imminent danger! Certes, vous gagnerez bien peu à lui répéter : que son heure viendra, qu'il doit l'attendre! lorsque ces meneurs lui crieront, au contraire, que le temps presse, qu'il faut arrêter au plus tôt dans son cours une odieuse tyrannie; qu'il y aurait folie à attendre que le mal soit consommé sans retour pour songer à y apporter remède!

Il est évident que le suffrage universel ne peut

point satisfaire tous les partis qui sont opposés.
S'il décide en faveur de l'un, il prononce contre
tous les autres ; s'il calme le premier, il irrite l'orgueil des rivaux, froisse leurs intérêts inévitablement, multiplie les fils de leurs intrigues secrètes,
amène des complots souterrains, des révoltes ouvertes !... On pourrait donc douter, monsieur, que
vous parlez sérieusement, lorsque vous nous révélez du sein de votre inspiration poétique : « que
la proclamation du suffrage universel est la fin de
la violence, de la force brutale, des entraînements
séditieux. » Il est de fait, que durant l'espace de
dix années que le suffrage universel, à divers degrés, a subsisté parmi nous, après la Révolution
de 89, les émeutes, les conspirations, les insurrections furent incessantes et à un degré terrible;
c'est au nom du peuple souverain, que l'on demandait à la Convention de livrer trente-deux de
ses membres, qu'on lui demandait la mise en
liberté de Marat et d'autres perturbateurs féroces;
c'est au nom du peuple souverain, qu'on lui proposait de porter tel décret formulé, d'en abroger
tel autre; c'est au nom du peuple souverain, et
en plein exercice du vote universel, que l'on violait son enceinte, que l'on outrageait ses représentants, qu'on l'attaquait à main armée ; et lorsque
Robespierre périt, et que l'époque de la grande
terreur fut passée, il y eut encore six rébellions
successives contre la représentation suprême de la

nation, jusqu'à l'acte constitutif de l'an III. Ne savons-nous pas que depuis la commotion plus récente de 1848, et la proclamation du suffrage universel, les manifestations factieuses, les émeutes, les trames criminelles, les attentats contre les pouvoirs légitimement constitués, les préparatifs de guerres intestines, n'ont point laissé de trève au pays, n'ont point cessé de porter atteinte au crédit public et à toutes les sources de prospérité de la fortune de la France? N'est-ce point à grand'peine, et grâce à une supériorité redoutable de forces imposantes, que l'on est parvenu à empêcher, après la promulgation de la loi électorale, des conflits sanglants de citoyens et des massacres dans la rue? Et ne découvre-t-on pas chaque jour de toutes parts des préparatifs de violences et de révoltes nouvelles? Il est donc bien difficile, monsieur, quoiqu'on les grandisse, d'assouvir des souverains que l'on couronne! Il est donc d'une fausseté extrême que le suffrage universel désarme les partis, émousse le glaive, déjoue les trames des conspirateurs, arrête et apaise les fauteurs de déchirements et de troubles, et apporte nécessairement le calme dans un temps donné.

Il y avait déjà plus de quatre cents ans que la république romaine, dont les historiens ont dit qu'elle se serait exterminée elle-même si elle n'avait eu sans cesse sur les bras à repousser des ennemis du dehors, subsistait avec le suffrage universel, lorsque des factions formées dans son sein s'égorgeaient sur des champs de bataille, lorsqu'elle faisait tomber sous la hache des proscriptions les têtes des plus illustres citoyens dans toutes les portions de son vaste empire.

Il y avait longues années qu'en Suisse les cantons fédérés de cette contrée étaient sous l'empire du suffrage universel, lorsque naguère encore ils ont pris les armes les uns contre les autres, sont descendus en champ clos, et que dans chacune de ces républiques des partis contraires se sont soulevés et sont entrés dans une lice ouverte de luttes acharnées. Les premières crises qui suivent une révolution n'avaient-elles pas eues parmi eux le temps de s'éteindre?

Les États-Unis d'Amérique n'avaient-ils pas apparus depuis longtemps sur la scène des sociétés civilisées, lorsqu'ils ont failli, plus d'une fois, se séparer les uns des autres, en dépit des avantages du suffrage universel; et s'ils peuvent impunément traverser les agitations fréquentes de leur vie publique, ce phénomène n'est-il point dû au caractère particulier des populations, et à ce que ces populations, comparativement très faibles, sont dispersées sur un vaste territoire, et fortement absorbées par leurs intérêts matériels. On ne peut pas plus comparer les États-Unis d'Amérique à la France et déduire des uns à l'autre, qu'on ne peut comparer entre eux un organisme d'une haute impressionnabilité, où les moindres commotions amènent un état convulsif, de longs bouleversements, et une organisation plus froide, plus compacte, plus émoussée, où les mêmes fortes impressions sont presque sans résultat.

A une distance déjà remarquable de leur berceau et des premières crises révolutionnaires, les républiques espagnoles d'Amérique ne continuent-elles pas à être livrées sans relâche aux déchirements des ambitions personnelles et aux désordres des guerres civiles [1]?

La pratique du suffrage universel qui fleurit à Buenos-Ayres a-t-elle empêché le farouche Rosas de verser le sang par torrent à l'aide de bandes armées, d'étouffer les libertés de cette république asservie jusqu'à l'esclavage, et d'en rester le seul homme libre? Vous jouez de malheur, monsieur, dans vos assertions, qui sont presque toujours une parodie choquante de la vérité. On raconte que des contemplatifs de l'Orient, à force de tenir leur regard attaché sur une même portion de leur corps, finissent par éprouver les étincelles d'un vertige général, qu'ils prennent pour une illumination d'en haut; pardon, monsieur, si nous osons vous comparer à des visionnaires, mais il semble qu'à force de fixer votre attention sur un même point de votre pensée, vous éprouviez de même

[1] La Presse.

un vaste éblouissement que vous regardez comme une lumière supérieure et immense ; c'est épris de cette clarté fantastique, que vous bravez les leçons éternelles de l'histoire qui s'élancent si éloquentes du passé vous pressent de toutes parts et s'accumulent de plus en plus autour de vous. En présence de tant d'éclatants témoignages, comment avez-vous eu le courage d'affirmer que le suffrage universel est un point d'appui fixe, une ancre inébranlable et qui ne se brise point au milieu des oscillations les plus orageuses? N'est-il point notoire que les masses populaires introduites par le suffrage universel dans la politique, et qui forment l'imposante majorité, sont mobiles, instables, d'une versatilité désespérante, irrémédiablement capricieuses? que la faveur des multitudes, d'abord comme une brise légère propice enfle vos voiles, vous pousse vers le port, et tout à coup devient un souffle véhément, se transforme en ouragan impétueux, qui renverse, brise, disperse?.... que le flot monte soudain, vous élève, et presque au même instant vous précipite?... que, comparables à celles de l'océan, les vagues populaires mugissent dans la violence d'une crise avec furie, se calment pour frémir et se soulever de nouveau, et se portent en un clin-d'œil, sous des influences pour elles toutes puissantes, irrésistibles, vers les plus opposés rivages.

Le peuple d'une cité à jamais célèbre par les

lettres et les arts, condamnait Socrate innocent au trépas, et lui élevait après un temple comme à un dieu; il condamnait au dernier supplice Phocion, un de ses vertueux citoyens, et lui élevait après une statue; il condamnait Démosthène, le prince de ses orateurs, à un trépas infâme, et lui élevait ensuite une statue..... Les annales des nations regorgent de faits semblables... Le peuple, parmi nous, après avoir maintes fois couvert de bénédictions le plus infortuné des rois, allait dès le lendemain attaquer son palais à main armée; il soutenait l'Assemblée nationale, et se ruait furibond sur elle! ses bras portaient en triomphe Mirabeau, et quelques jours après il criait à sa trahison dans les rues; ce qui fit dire à cette idole de ses caprices d'un jour ce mot fameux : « Je n'en étais pas à apprendre qu'il n'y a qu'un pas du Capitole à la roche tarpéienne! » De l'apothéose, le peuple vous fait descendre presque au même instant à l'opprobre des gémonies ou à l'immolation. Il prêtait son appui à Robespierre et à d'Orléans, et applaudissait bientôt après au supplice de ces deux grands criminels. En Italie, en Allemagne, des scènes d'une nature aussi incroyable ne se sont-elles point tout récemment renouvelées? Qu'on nomme une partie du monde civilisé où le peuple n'ait offert le même triste spectable de prodigieuse inconstance et de dangereux transports!

Par là même que les classes populaires sont ignorantes et crédules, une accusation audacieuse et sans fondement, un mot vague et mal compris par elle, suffisent pour les exalter jusqu'au délire et les entraîner.... Au fort de notre révolution, on annonce que des instruments de mort sont dressés sur les hauteurs de Paris contre le peuple ; aussitôt ce peuple, sans de plus amples informations, se livre au désespoir, pousse des hurlements affreux, il est prêt à tout oser !... Rassemblé au Champ de Mars, sur une proclamation de Manuel, on lui annonce que les ennemis les plus à craindre ne sont pas autour de Verdun investi, mais dans les prisons; que les traîtres se disposent à sortir la nuit pour égorger les femmes et les enfants des défenseurs intrépides de la patrie ; à cette seule incrimination, sur-le-champ le peuple entre en fureur, se porte aux prisons et massacre tous ceux qui y sont détenus! Marat leur fait entendre que les détenteurs de comestibles ont formé le dessein de l'affamer et de le faire périr, il n'en faut pas davantage pour enflammer son courroux : les boutiques qu'on lui a signalées sont assaillies par le torrent, dévastées, pillées, souillées du sang de leurs propriétaires expirants... On accuse le marquis de Favras d'avoir trahi son pays, coupable en réalité ou non, le peuple convaincu demande à grands cris son supplice : il faut qu'il meure attaché à un gibet. Dans une petite ville de Provence, il circule que le maréchal Brune y est arrivé, que c'est un révolutionnaire, le meurtrier exécrable de la princesse de Lambale; le peuple, qui connaît sans doute très peu ce que c'est que la princesse de Lambale, court indigné à l'hôtel du vieux guerrier, l'assaille, le massacre sans pitié, et traîne son cadavre sanglant dans le fleuve. Nous pourrions multiplier indéfiniment ces exemples.

Appuyer par le suffrages universel les gouvernements sur les masses populaires d'une crédulité si exessive et si facile à passionner jusqu'aux forcenés transports, c'est donc asseoir la société sur un sol incertain, tremblant, toujours prêt à s'ouvrir jusques dans ses plus effroyables profondeurs; c'est la jeter imprudemment au sein des perpétuels orages, et remettre ses destinées les plus importantes aux chances les plus périlleuses du hasard!

Ce fut à la vue des inconvénients du suffrage universel, qui admet le peuple à l'exercice direct de la souveraineté, qu'Anacharsis s'écriait qu'à Athènes les sages délibéraient et les fous décidaient.

Ce fut à raison des mêmes inconvénients fortement sentis, que Fabius, qui restreignit à Rome et réduisit presque à rien l'influence du peuple dans les affaires de l'État, fut surnommé Très Grand Maximus et le Sauveur de la Patrie!

Ce fut frappé des mêmes suites graves, dévoilées

par l'expérience, que la Convention a été conduite à affaiblir la valeur du vote du peuple, et de direct à le rendre indirect.

DEUXIÈME LETTRE.

A M. Victor Hugo, sur le même sujet.

—

Monsieur,

Il ne manque donc, au panégyrique brillant que vous faites des résultats du suffrage universel, pour être parfait, que de ne point être complètement chimérique, et en contradiction formelle avec les faits les plus connus et les plus multipliés.

Quel usage faisait de ses nobles facultés un représentant dans le temple des lois, lorsqu'il proférait ces anti-vérités portées jusqu'aux limites extrêmes de l'absurde : « Le suffrage universel est la seule force qui reste à la France pour se défendre contre l'anarchie, les faux systèmes et les utopies [1]. » Ce n'est point apparemment près des hommes éclairés, de bon sens, qui possèdent, que les principes faux, éminemment subversifs, spo-

---

[1] M. de Lamoricière. — La *Presse*. — Suffrage universel.

liateurs, et les visions paradoxales de quelques illuminés imbéciles, feront fortune et obtiendront une majorité de suffrages; mais manifestement près des masses populaires dont ils flatteront les penchants, qu'ils séduiront par des promesses insensées, et à qui il leur sera aisé d'en imposer par l'audace même de leur langage et les faux éclairs de leurs folles conceptions.

Où était votre esprit lui-même, monsieur, et qu'était devenue sa sagacité, lorsque vous annonciez dans le même sanctuaire : « Que le suffrage universel condense en faveur de l'ordre toutes les forces de la nation. » Ignorez-vous que les suffrages ne sont jamais unanimes, qu'ils se partagent entre les partis contraires, qu'ils constituent contre le pouvoir légalement créé des ennemis dans ceux qui ne l'ont point élu, qui ont fait choix d'un autre, et bientôt dans ceux qui l'ont nommé, et qui restent ses surveillants susceptibles, irritables, ombrageux, ses juges souverains ? que compter parmi les arbitres du pouvoir social les masses populaires, vains jouets d'une foule d'intrigants ambitieux, c'est ni plus ni moins tenir éternellement suspendue sur sa tête l'épée menaçante de Damoclès ?

Viendra-t-on nous observer avec un autre orateur à la tribune : « Que les peuples modernes l'emportent en moralité sur la plèbe antique; qu'ils ont appris à l'école des révolutions leurs droits, et à l'école du christianisme leurs devoirs; qu'on n'entendit jamais sortir de leur bouche ces cris : du pain et du cirque [1]? »

Mais entendit-on jamais sortir de la bouche de la plèbe antique ces cris sinistres et sauvages : Vive la mort sanglante et cruelle de l'échaufaud! Vive le supplice infâme du gibet!.... Les révolutions n'ont appris aux peuples modernes que les droits prétendus de l'insurrection, de l'émeute, de la guerre civile!... Sans doute l'école du christianisme, plus qu'aucune, est propre à les instruire de leurs devoirs; mais en livrant au persifflage et à la dérision leur religion, on leur a appris à en mépriser les croyances et les pratiques, à les fouler aux pieds, à en avoir honte; et les peuples modernes ne sont pas, à beaucoup près, aussi puissamment dominés et retenus par le sentiment religieux [2] que l'étaient les peuples antiques d'Athènes et de Rome, pénétrés d'un respect si profond pour le grand Jupiter et pour leur serment.

Au surplus, la moralité des peuples n'est point suffisante pour les préserver des plus affreux excès. On peut remarquer que les factieux se servent presque toujours de leurs dispositions les plus

---

[1] La *Presse* du 29 mai 1850.

[2] Ceci ne doit s'entendre que des Français et de quelques autres populations qui leur ressemblent sous le point de vue qui nous occupe.

louables, de leurs sentiments les plus vertueux, les plus profonds, les plus sublimes, pour les égarer. Notre histoire nous montre les masses populaires aux époques où elles étaient les plus morales, lancées par leurs meneurs comme aujourd'hui dans les plus horribles désordres. Les protestants français et autres, en rébellion contre leurs souverains sur presque tous les points de l'Europe, rappelaient, dans les actes de vengeance auxquels on les poussait, la barbarie des cannibales, quoiqu'adonnés à des devoirs austères et aux pratiques les plus minutieuses de la piété. On persuadait aux masses populaires, dans la Péninsule des Espagnes, que l'empereur était l'antéchrist, et ses soldats étaient exterminés sur toute cette terre par le fer et le poison à ces cris : « Mourons pour Dieu.... » *Meream per Dio.*

Les anarchistes, pour qui l'ordre est monotone, insipide, accablant, et à qui il faut des catastrophes, des ruines, des scènes déchirantes de douleur, pour assaisonner l'uniformité de la vie; les hommes dévorés du fanatisme de l'ambition, sans ressources proportionnelles, tiennent énergiquement au suffrage universel et le défendent avec acharnement, avec une sorte de fureur, sacrifiant à leur dur égoïsme la tranquillité et la félicité des peuples, parce qu'il leur fournit un levier à l'aide duquel ils peuvent soulever les sociétés de leurs bases, bouleverser le monde, en faire un théâtre de péripéties sanglantes, de désastres, de confusion et de misère; ou parce qu'il met à leur disposition une force immense dont ils peuvent se servir pour l'œuvre de leur propre grandeur, si ce n'est pour l'exécution des plus coupables desseins.

Je lis dans une de nos feuilles politiques sérieuses et qui ont l'habitude d'approfondir les questions politiques, que les masses populaires des campagnes représentent les couches profondes de l'océan sociale que les vents ne soulèvent jamais, et dont le calme immuable aide à apaiser la crise des tempêtes; quil n'y aucun danger à les admettre à un exercice essentiel de la souveraineté; que le suffrage universel, après la révolution de février 1848, a sauvé la France [1]. Nous observerons d'abord, que l'habitant des campagnes est, par rapport à l'habitant des villes, comme 7 est à 1; que par conséquent les classes populaires rurales forment l'immense majorité de la population française, même dans les départements désignés sous le nom de manufacturiers. Si donc les masses populaires restaient inaltérablement saines, étrangères aux partis [2], ainsi qu'on l'affirme, elles enverraient toujours et partout à la représentation nationale des hommes d'ordre, modérés; or, il n'est presque point de départements qui aient

[1] Le *Constitutionnel* du 27 août 1850.
[2] *Ibid.*

borné ses choix à des députés connus par leur modération ; et dans quelques départements, la plupart des candidats élus sont d'un libéralisme exalté.... Les campagnes, comme les villes, après la Constituante de 89, députèrent à la législature une majorité d'anarchistes et de factieux !... Vers la fin des sessions de cette législature, les campagnes, comme les villes, ne se firent représenter à la Convention nationale que par des tribuns fougueux et des démagogues enragés. La majorité des classes populaires des campagnes peut donc être séduite, fanatisée, entraînée fatalement.... La feuille publique dont nous combattons ici les idées, écrivait elle-même, il y a à peine quelques mois : « Que la France, pendant dix années, après 89, fit l'essai du suffrage universel à tous les degrés, et qu'elle fut forcée d'y renoncer pour ne point périr comme nation [1]. » Les guerres de religion ne furent que des soulèvements en masse de paysans fanatisés sous l'influence de quelques ambitieux qui se servaient de motifs sacrés pour les armer contre leurs souverains.... La jacquerie n'était qu'une insurrection formidable de paysans soulevés en masse contre les seigneurs, qu'ils massacraient horriblement, qu'ils empalaient, etc. Rappellerai-je les guerres de la Vendée, pour prouver que les populations des campagnes ne

[1] *Le Constitutionnel* du 5 juin 1850.

restent pas imperturbablement étrangères aux partis politiques ? Des faits rapportés par la même feuille démontrent que les masses populaires des campagnes ne sont pas moins capricieuses, pas moins étonnamment mobiles que celles des villes : « Dans un village du Maconnais, tous les habitants ont promis, le matin d'un jour d'élection, qu'ils porteraient sur leurs bulletins la liste des hommes modérés ; survient quelques heures après un avocat qui leur parle, les travaille, et le soir même tous votent comme un seul homme pour la liste rouge[1] » Qu'un républicain au verbe chaleureux, aux dehors brillants arrive dans une campagne au milieu d'une foule assemblée ; qu'il la harangue avec insinuation, avec une verve puissante, elle acclamera avec enthousiasme la république ! Qu'un autre apparaisse dès le lendemain avec les mêmes avantages, et adresse la parole à la même foule dans un sens contraire, elle s'écriera avec transport : *vive le roi !...* C'est, dit-on, le suffrage universel qui, après février 1848, a sauvé la France !... Nous le nions. Le Suffrage restreint aux classes sociales élevées et instruites l'eût sauvée de même ; car si ce sont les régions supérieures de la société qui enfantent les factieux, les fomentateurs incorrigibles de désordre, ceux-ci ne forment jamais que le très petit nombre ; et la majorité,

---

[1] *Ibid.*, du 7 mai 1850.

dans ces mêmes régions supérieures, est toujours pour l'ordre, parce qu'il est la condition de sa sûreté, de la conservation de ses biens, et la seule caution de ses jouissances. Les impulsions bonnes ou mauvaises imprimées aux classes populaires dans la politique, quel que soit le lieu, ville ou champs, qu'elles habitent, viennent généralement d'en haut; et si, après février 1848, la majorité des campagnes s'est unie à la majorité des villes pour nommer à la députation des hommes d'ordre, elle a obéi en cela aussi bien aux conseils des classes plus élevées qu'à l'horreur que continuaient à lui inspirer les orgies sanglantes et exécrables de la révolution de 89 pour la république; mais peu après les choses lui ayant été présentées avec persévérance sous d'autres couleurs par d'infatigables démagogues, ses opinions n'ont point cessé de se dépraver et ses choix de se pervertir. Que fût-il donc advenu si on n'eût opposé avec un opiniâtre courage une barrière au torrent contagieux, en entravant la circulation des mauvais écrits, en menaçant, en destituant, en incarcérant les propagateurs déterminés des doctrines subversives? Un journal intitulé la *Feuille du Village* se vante des rapides progrès que font chez les paisibles habitants des campagnes ses prédications erronées et dangereuses; un magistrat se plaint, dans un procès intenté à cette feuille, des immenses ravages qu'elle a déjà faits; tout conspire donc à démontrer que les masses populaires des campagnes, comme celle des villes, peuvent être subjuguées, fascinées, égarées déplorablement ; et que les admettre à un exercice sérieux de la souveraineté par le suffrage universel direct, c'est éterniser l'espoir des tribuns avides et des factieux, créer une cause permanente d'intrigues de leur part, d'efforts coupables, de séductions et d'entraînements ; un ferment fécond d'agitation, de mouvements séditieux, d'émeutes menaçantes ; une nécessité toujours fâcheuse pour les gouvernements de mesures sévères de répression, de sévices, d'impopularité ; une source perpétuelle d'inquiétudes et de dangers pour la société ; d'affaiblissement pour le crédit public, de langueur pour l'activité industrielle et les travaux, de détresse pour les populations laborieuses elles-mêmes.

Lorsque nous déduisons toutes rayonnantes d'éclat ces conclusions nécessaires, vous nous arrêtez, Monsieur, par ces reflexions que vous prenez imperturbablement au sérieux :

« Le droit de suffrage fait partie de l'entité du souverain, naît et ne meurt qu'avec lui. Ce droit essentiel et personnel, inaliénable ; ce droit imprescriptible et sacré, est en quelque sorte la chair et l'âme du citoyen [1]. »

Si, comme vous le dites un peu bizarrement, le

---

[1] *Ibid.*, du 22 mai 1850.

droit de suffrage fait non-seulement l'âme mais la chair du citoyen, pourquoi donc ne fait-on pas voter le monomane qui extravague, l'idiot, l'enfant en bas âge, la femme? C'est qu'ils ne pourraient s'acquitter de ce devoir avec une connaissance de cause suffisante, avec indépendance, avec garantie pour la société!.... C'est que le bien général exige qu'ils ne votent pas; c'est que la femme a d'autres devoirs essentiels à remplir que lui impose la nature; c'est qu'elle est appelée à exercer sur les destinées de l'humanité un autre empire!... Or, par leur impéritie, leurs dispositions aveuglément passionnées, et leur dépendance, les dernières classes sociales sont dans un cas analogue; on ne saurait donc que par abus leur accorder le droit de suffrage direct.

Que signifie ce qui suit, Monsieur; et avez-vous bien pu laisser échapper de vos lèvres ces paroles: « Que le peuple souverain étant libre, peut exercer son droit de suffrage à sa fantaisie, selon son caprice, et nommer qui lui plaît [1]? » Vous ne soupçonnez donc pas qu'il n'existe point de droit de mal faire, qu'il ne peut subsister de droit que pour le bien? L'éternelle sagesse, source de toute puissance, ne saurait donner à aucun individu le droit de se nuire à lui-même ou aux autres. Le peuple souverain ne peut donc user de son droit de suffrage

---

[1] *Ibid.*

que pour son propre bien et pour le bien de ceux qui ne votent pas, les idiots, les enfants, les femmes, etc.; et ce mot de Rousseau : « qui peut empêcher le peuple de se faire du mal à lui-même[1] ? » n'est en morale que la saillie extravagante d'un fou.

De là nous pourrons succinctement refouler dans le néant un vain amas de considérations sophistiques qui en imposent à la superficie : « Nous n'avons voulu opérer aucune exclusion dans la loi du suffrage, disait Condorcet à la Convention, afin d'intéresser à la chose publique tous les citoyens.... » Mais ce qui attache à la chose publique la foule des citoyens, c'est la certitude de trouver dans le gouvernement une protection assurée pour tous ses droits, une caution de maintien de l'ordre, d'élan animé des industries et des travaux, en un mot, de tranquillité et de bonheur au sein de la société, et non le droit apparent de faire au hasard un acte purement matériel, un acte exposé à devenir une occasion de querelles, d'animadversion, de temps perdu sans compensation, et d'orgies dispendieuses!.... « Nous avons voulu, continue Condorcet, qu'on trouvât observée au moins une fois sur la terre, dans les lois d'un grand peuple, toute l'égalité de la nature. » C'est là un verbiage très irréfléchi; car, remarquez-le bien, c'est la nature elle-même qui établit parmi

---

[1] *Contrat social.*

les hommes les inégalités les plus extrêmes, et sous tous les rapports. Vous verrez placer par elle, à côté les uns des autres, l'idiot et l'homme de génie, le nain et le géant, l'homme séculaire et l'enfant qui meurt au berceau, l'artiste dont l'habileté fait une des merveilles du monde et l'individu qui n'est propre à rien, l'homme d'un courage magnanime et le peureux, le lâche pusillanime, l'homme d'un cœur sublime et celui qu'entraîne des inclinations basses et perverses, etc. Admettre indistinctement à un exercice sérieux de la souveraineté, et ceux qui en sont capables et ceux qui ne le sont pas, ce n'est donc pas obéir aux intentions de la nature, mais braver ses lois positives et essentielles d'inégalité... « Pour nous, s'écrie une voix un peu niaise, un citoyen est un citoyen ; nous ne faisons de distinction qu'entre les honnêtes et les malhonnêtes gens[1]. » C'est fort bien, quand il s'agit d'estime morale ; car l'homme de l'esprit le moins étendu peut avoir des sentiments sublimes d'abnégation et de sacré dévouement, pratiquer les actes les plus héroïques et s'élever à toutes les grandeurs de la vertu. Mais il n'en va plus ainsi quand il s'agit de fonctions publiques à remplir ; suffira-t-il d'être honnête homme pour commander à une grande nation, pour être diplo-

---

[1] La *Feuille du Village*, sur le suffrage universel, du 16 mai 1850.

mate acceptable, magistrat ou ministre; ne faut-il pas de plus divers degrés de capacité et des garanties rassurantes? Pense-t-on que le droit de suffrage direct, d'où dépendent les destinées d'un peuple, soit assez peu important pour ne point requérir les mêmes conditions? Ce sont cependant des éclaireurs prétentieux du genre humain qui nous débitent ce tissu de mauvaises fariboles.....
Un autre paraît convaincu qu'une nation est « mieux représentée par le suffrage universel [1]. »

Nous présumons avec quelque justesse qu'une nation est d'autant mieux représentée qu'elle l'est par des hommes plus éclairés, plus amis de l'ordre, et qui donnent des garanties plus sûres de cet amour nécessaire. Or, est-ce le concours des masses populaires, bornées, votant à l'aveugle, et si faciles à égarer, qui aidera à donner à la députation des hommes plus éclairés, plus indépendants, plus dévoués aux lois de l'ordre? Un rédacteur de journal qui aspire à la pénétration écrit : « Que la loi qui dépouille un seul citoyen de son droit de suffrage est une expropriation sans indemnité [2] » Mais accorder à un citoyen incapable et sans garanties le droit de suffrage, est un abus, avons-nous dit; lui ôter ce droit n'est point le dépouiller, mais détruire un abus, et rétablir l'ordre éternel un mo-

---

[1] M. de Lamoricière, *la Presse* du 29 mai 1850.
[2] La *Presse* du 15 mai 1850.

ment perturbé. « Ce que l'on a acquis par la victoire, ajoute le publiciste, ne peut se perdre que par la défaite. » La victoire n'est que le fruit d'une force matérielle et brutale, ne donne moralement aucun droit, indépendamment de toute autre considération de la justice; dans la défaite, l'individu succombe, mais la justice et les droits qu'elle consacre persistent et sont éternels. D'autres publient, que par le suffrage universel les dernières classes populaires nommeront des représentants qui leur appartiendront; il fallait dire, qui leur en imposeront, qui dépraveront leurs idées, qui, loin de les servir, se serviront d'elles pour arriver à leurs fins, ou qui, épris d'imprudentes et chimériques théories, jeteront la nation dans les plus désastreux essais.

Pour en finir sur ce premier point de notre sujet, proclamons donc ce résumé succinct de nos démonstrations : Le droit de suffrage ne réside essentiellement que dans l'universalité des citoyens capables, et qui peuvent donner des garanties de leur attachement à l'ordre ; si vous dépassez ces limites, il n'y a plus de raison pour ne point admettre à l'exercice de la souveraineté les enfants, les reclus, les maniaques, etc.; vous effacez toute idée de morale, de justice immuable; vous abjurez toutes les notions du bons sens. Faites de tout votre pouvoir le bonheur des masses populaires, mais ne prenez pas leur conseil, est un adage de la politique raisonnée; elles apprécient mal leurs intérêts présents; elles ne comptent pour rien les plus grands intérêts de l'avenir; des mots les égarent.

La société, en attelant au char de l'État l'ignorance et les passions de la multitude, s'expose à le voir à chaque instant lancé hors de l'ornière politique de la bonne route, et à se voir elle-même entraînée dans des gouffres sans fond de folies et de douleurs.

LETTRE TROISIÈME.

A M. Victor Hugo, sur le même sujet.

—

Monsieur,

Vous avez dit quelque part dans vos œuvres :
« On oublie trop que l'intelligence est la vraie souveraineté; que ce n'est que quand il aura des connaissances suffisantes, que le peuple sera vraiment souverain; qu'il faut l'instruire. »

Mais comment donner au peuple une éducation politique suffisante?

Vous allez répondre par ces mots : qu'aujourd'hui, dans les classes indépendantes sociales, « il fait grand jour; » que « la jeune génération, la face toute inondée de lumière, y contemple les grandes choses qui se préparent dans l'avenir; » qu'il est facile de faire tomber le flot lumineux des régions sociales élevées sur les classes inférieures par voie de propagation.

Les journaux n'envoient-ils pas quotidiennement sur le monde civilisé des torrents de lumières? Les clubs n'ont-ils pas la propriété de développer dans leur sein de brillantes illuminations?

Examinons si, à ces deux sources fécondes, le peuple puisera une instruction suffisante pour lui faire remplir convenablement les hautes fonctions de souveraineté qu'on veut lui imposer.

Nous supposons que les masses populaires, pour s'éclairer plus sûrement des journaux, en liront au moins deux qui arborent des drapeaux contraires, ainsi que l'expérience indique de le pratiquer.

Mettons un instant en scène parallèlement, pour mieux juger de leur influence naturelle sur le peuple, deux feuilles publiques de couleur différente, écrivant sur les mêmes sujets; il s'agit de la loi restrictive du suffrage universel.

Un journal de l'opposition :

« C'est M. Thiers qui a provoqué les orages de cette séance. C'est sa parole imprudente, pointilleuse, insolente, qui a secoué du haut de la tribune ces agitations brûlantes; nous l'avons vu pendant une heure raillant, insultant, outrageant, défiant les passions, et jouant avec la flamme comme à plaisir [1]. » M. Favre a, comme toujours, excellemment parlé.

Un journal de l'ordre :

[1] La *Presse*, du 23 mai 1850.

« M. Favre avait parlé deux mortelles heures sans rien dire. Mais le magnifique tableau du maître (M. Thiers) n'avait pas besoin de ce contraste.... Quelles grandes et nobles luttes! quelles émotions! Nous nous sentons impuissants à les peindre [1]. »

Le journal de l'opposition :

« Avant d'étaler à nos regards les basses frayeurs et les colères qui égarent dans M. de Montalembert le sens moral, cet orateur a cru utile de voiler l'attentat de la commission des dix-sept, sous une déclaration de respect à la Constitution [2]. »

Le journal de l'ordre :

« Le discours de M. de Montalembert n'est pas seulement une œuvre d'éloquence, c'est aussi l'acte d'un homme de cœur. Outre qu'il renferme une admirable discussion, il contient un manifeste politique, disons mieux, un programme dicté par la raison et le courage. »

Le journal de l'opposition :

« Mais ce qui a ému surtout l'Assemblée, c'est la grandeur que la discussion a trouvé tout à coup sous la parole éloquente de M. Pascal Duprat. Jamais l'apostasie n'avait été plus cruellement châtiée! Jamais le jeune orateur de la gauche n'avait déployé plus de verve, d'esprit et de talent. »

---

[1] Le *Constitutionnel*, ibid.
[2] La *Presse*, du 23 mai 1850.

Le journal de l'ordre :

« L'orateur montagnard (M. Pascal Duprat) n'a pas été plus heureux sur ce nouveau terrain. Il s'est attiré une réplique sous laquelle il a vainement cherché à se débattre. C'était vraiment pitié que de voir cet honorable orateur s'épuiser en justifications, etc. [1]. »

Le journal de l'ordre :

« M. de Lasteyrie a trouvé de ces accents naturels que donnent la conscience, le sentiment du juste et du vrai. »

Le journal de l'opposition :

« M. Jules de Lasteyrie a eu le courage d'aborder la tribune ; impossible de se traîner plus péniblement dans les pauvretés d'une cause réduite. »

La même feuille :

« Mais la grande émotion du débat, celle qui va retentir dans toutes les âmes, c'est le discours de M. Victor Hugo. Jamais l'éloquence n'avait prêté à la raison un plus noble et plus beau langage ; jamais la parole humaine n'avait été plus palpitante de conviction, d'inspiration, de génie, d'enthousiasme. Nous ne voulons point affaiblir cette magnifique improvisation ; il y a des tableaux qu'on ne copie, il y a des splendeurs qu'on ne reflète pas [2] ! »

---

[1] Le *Constitutionnel* du 16 mai 1850.
[2] La *Presse* du 22 mai 1850.

Le journal de l'ordre :

« Mais voici venir M. Victor Hugo : ici le théâtre, ici le drame, ici un acteur de tout autre genre; le poète de toutes les naissances royales, de tous les sacres royaux, de tous les baptêmes princiers, vient entonner une hymne. M. Victor Hugo applique ici au suffrage universel son ancienne pratique : pour lui le beau, le vrai beau, c'est le laid. Ainsi, ce qu'il y a de plus admirable dans le suffrage universel, c'est ce que la loi veut en retrancher : le vote des gueux et des vagabonds [1]. »

Vous le voyez! là où un journal dit blanc, l'autre crie noir; leurs jugements sont non-seulement différents, mais opposés comme leur couleur!.... Entre des renseignements contradictoires, comment le peuple se décidera-t-il? de quel côté se rangera-t-il définitivement? Des lumières qui se détruisent n'auront pour effet infaillible sur lui que de désespérer sa raison, et de le plonger, sans aucun espoir d'issue vers une tardive lumière, dans la nuit la plus profonde.

Reportez-vous au moment d'une élection de députés; il est urgent d'apprécier les qualités de ceux qui s'offrent pour la représentation nationale. Tandis qu'une feuille publique élèvera jusqu'aux nues tel candidat désigné, fera valoir avec en-

---

[1] Le *Constitutionnel* du 22 mai 1850.

thousiasme la délicatesse de sa probité, son amour connu de l'ordre et du peuple, son incontestable capacité, telle autre feuille publique l'abaissera avec dédain, avec colère jusqu'au néant, le peindra comme un homme rétrograde, incapable, entaché de sots préjugés, l'ennemi de la civilisation du monde et des populations laborieuses !

Admettez encore qu'il s'agisse d'une loi portée, ou près de l'être ! Tandis que les journaux d'un parti la proclameront opportune, éclairée, indispensable au développement des industries et à l'accroissement du bien-être des peuples, d'autres la flétriront de leur anathème, comme intempestive, provoquante, absurde, désastreuse, contraire au bien-être des masses et à l'essor de toutes les prospérités publiques !

L'homme du peuple, fatigué jusqu'à l'épuisement du retour journalier de ses labeurs pénibles, et tout occupé de ses nombreux et incessants besoins, ira-t-il chercher dans son esprit, par la méditation, à qui il doit donner raison dans ces débats contraires, et ce qu'il doit enfin penser de tels hommes placés en dehors de la sphère de ses rapports, de telles lois ? Une pareille tâche dépasse sa portée, et écraserait mille fois sous son faix son inexpérience.

« Si bon chrétien que je sois, écrit le principal rédacteur d'un journal qui a pour titre : *La Feuille du Village*, je ne puis échapper à un mouvement de rage et de sainte colère, en voyant la crédulité naïve de nos paysans, livrés sans défense aux charlatans de l'ordre et de la vertu, pairs de France, comtes et barons [1]..... »

Ce rédacteur s'indigne de la crédulité excessive du peuple pour la parole des nobles, comtes et barons, etc.; mais il ne s'en plaint pas pour lui-même, lorsqu'il fait entendre à ses nombreux lecteurs de la campagne : que les droits sacrés de l'humanité n'ont été indignement foulés que sous les monarchies, et que c'est la république qui a fait cesser l'arbitraire et la tyrannie de l'homme sur l'homme; lorsqu'il leur enseigne que ceux-là seuls doivent payer les frais du culte religieux qui s'en soucient, que l'État ne doit pas s'en charger; apparemment que ce grand politique a découvert que la religion n'est point une condition essentielle de l'existence des sociétés et de leur état florissant! lorsqu'il leur adresse, comme un recueil d'infaillibles oracles, une série de coqs-à-l'âne insipides, et toutefois propres à soulever leurs passions et à jeter entre les diverses classes sociales des ferments de discorde, d'envie, de haine et de vengeance. Les articles politiques de cette feuille, qui, pour se mettre à la portée du peuple, fait la niaise, et qui l'est beaucoup plus qu'elle ne pense, ne sont ordinairement que des

[1] La *Feuille du Village* du 4 avril 1850.

fatras de choses dénaturées, incomplètes, travesties, parodies noyées dans des flots de verbiage, de déclamations impertinentes sans cesse ressassées et perfides. Quelle instruction brillante ou solide les masses populaires peuvent-elles recevoir à une école si infailliblement illuminée et si sage?

Interrogez les habitants de la campagne sur les résultats sans égaux des feuilles publiques, parmi eux, lorsque la munifique, philanthropie du gouvernement provisoire les leur envoyait, ils vous répondront : Personne ne faisait presque plus rien! Tout le monde, vers l'heure de l'arrivée du journal, abandonnait les travaux pour accourir entendre l'oracle, dont la lecture était bientôt suivie d'une confusion de réflexions universelles, de discussions animées, quelquefois d'altercations, d'injures, et du danger enfin d'être témoin ou acteur de scènes plus sérieuses, et de voir les dignes problèmes de la politique se résoudre à coups de poing par la raison brutale du plus fort.

Laissez, laissez à leurs paisibles occupations ces hommes précieux, dont le temps doit être respecté, et ne cherchez point à leur troubler la tête, à passionner funestement leur cœur, pour le plaisir de les faire contribuer à mettre la confusion dans les affaires de l'État!

Ouvrirez-vous, pour élaborer avec un succès plus sûr l'éducation politique des peuples, le sanctuaire suspect des clubs? Les masses populaires devant y être en majorité, et représentant la plus grande force, ceux-là y domineront inévitablement qui, ambitieux et impudents, flatteront le peuple, vanteront ses lumières extraordinairement accrues, sa haute sagesse, sa perpétuelle magnanimité, sa toute-puissance; feindront de reconnaître tous les pouvoirs de la souveraineté, non-seulement dans une fraction de la population, mais dans chaque individu, dans le plus méprisable des vagabonds!... Ceux-là y domineront, qui sauront séduire la foule par des promesses brillantes, exagérées, irréalisables, absurdes; qui, exploitant les abus réels de l'état actuel de la société, les peindront avec une perfide énergie, en retraceront des tableaux outrés, propres à soulever la pensée d'indignation et à armer les bras d'auditeurs inexpérimentés, se gardant bien de leur faire comprendre que l'application des théories qu'ils leur proposent, serait encore suivie de plus d'inconvénients; que les choses humaines sont nécessairement imparfaites; que quand il faut choisir entre deux états, il ne s'agit point de se décider pour celui qui n'est entaché d'aucun défaut, puisqu'il n'en est aucun qui possède ce privilège, mais pour celui qui en a le moins!.... Ceux-là y domineront, qui emploieront à l'égard de la multitude cet air convaincu, ces formules tranchantes, ce ton passionné, audacieux, puissant, qui en impose tant au vulgaire, qui exerce sur lui un prestige surnaturel et auquel il ne résiste pas ! Les clubs sont un champ de triomphe pour l'audace effrontée, la perversité et les ambitions violentes qui ont abjuré le scrupule..... toutes les nuances sociales y ayant accès, tous les degrés d'ignorance, de passions, de partis politiques, d'opinions, de préjugés, d'effervescences, si accumuleront et ne tarderont pas à les faire dégénérer, ainsi que le prouve l'expérience, en des antres de fanatisme, où s'ourdissent les trames conspiratrices, où se préparent sourdement les mouvements séditieux, les explosions d'atroces vengeances, les insurrections meurtrières. Malgré ses déportements épouvantables, la Convention, sur son piédestal de crimes, se vit réduite à fermer ces foyers de mauvais conseils, de dépravation, trop souvent devenus des repairs de brigandage. L'Angleterre, les États-Unis d'Amérique, les peuples les plus civilisés de la terre, les ont flétris de leur proscription. Soit à l'école du journalisme, soit à celle des clubs, les masses populaires sont donc incapables de puiser une instruction suffisante pour être rationnellement admises à quelque exercice important de la puissance souveraine. Nous sommes loin de déprécier par là, tant s'en faut! cette portion si utile et si intéressante de la nation. Les dernières classes sociales ne sont que ce que seraient à leur place les classes élevées si elles leur étaient substituées. Des premiers rangs de la hiérarchie sociale au dernier, il se fait un échange perpétuel qui les transforme insensiblement les uns dans les autres, et doit les unir dans des liens mutuels d'indulgence, d'élans généreux et d'amour.

La nature pétrit avec le même limon le riche et le pauvre, tous deux exposés aux mêmes maux, tous deux voyageurs rapides dans la vie; elle crée indistinctement, dans les dernières classes comme dans les autres, des hommes puissamment trempés, doués de facultés d'élite, et capables d'être non-seulement électeurs, mais élus.

Par respect pour la dignité de l'homme, et pour rappeler que les plus humbles citoyens sont parties contractantes du pacte fédéral, et qu'ils constituent, comme les favoris les plus brillants de l'aveugle fortune, des membres de la grande famille humaine, nous pensons qu'il serait moral et très convenable, à moins que des circonstances spéciales ne s'y opposent, de conférer aux masses populaires un droit de suffrage indirect, c'est-à-dire de choisir dans leur sein des mandataires qui concourraient à l'élection des députés; les affaires publiques, certes, n'en iraient guères mieux, à coups sûrs, mais le droit de suffrage étant ainsi restreint comme il l'était autrefois à Rome sous quelques rapports, et la société n'encourant plus le danger d'avoir dans la représentation nationale des majorités factieuses et anarchiques, et notez que le péril seul influe sur le crédit public, la concession d'un droit de vote indirect faite à celle-ci serait une satisfaction donnée à des maximes de haute morale, et un hommage public rendu à la majesté de la nature humaine dans le moindre de ses représentants [1].

De ce que nous avons dit précédemment sur l'impossibilité où sont les dernières classes populaires d'acquérir des connaissances rassurantes en politique, on ne serait point autorisé à conclure que nous approuvons en général leur ignorance; à Dieu ne plaise! L'instruction est la plus belle fortune de l'homme du peuple, le plus brillant apanage de la nature humaine. L'homme du peuple, par une instruction satisfaisante, conçoit une plus haute idée de son être, de l'étendue et des merveilles de l'univers, où se reflètent les perfections de son auteur; l'instruction le dépouille de ces formes natives et brutes qui le retiennent dans l'état dégradant de la barbarie; elle rend les relations avec lui plus faciles, plus attrayantes, plus douces; lui ménage dans l'occasion le moyen de s'élever des derniers rangs aux premiers degrés de l'échelle sociale; et quoique certains peuples ignorants soient bons et vertueux, cependant une ob-

---

[1] Nous comprenons, sous le nom de masses populaires, la collection des individus qui ne payent pas un certain sens, et qui n'ont pas reçu d'éducation libérale dans des études supérieures.

servation impartiale a démontré que généralement il y a moins d'attentats contre les propriétés et contre les personnes chez les peuples plus éclairés. Ainsi en Écosse, où l'instruction est plus répandue, il se commet moins de crimes qu'en Angleterre, où elle l'est moins; plus de délits encore sont déférés à la justice en Irlande, où les dernières classes populaires croupissent dans la plus profonde ignorance. Mais en dehors du cercle épineux des questions si compliquées de la politique, combien de choses utiles et éminemment pacifiques ne peut-on pas enseigner aux masses populaires? après la religion et la morale, n'importerait-il pas de les initier aux éléments les plus immédiats de l'hygiène, c'est-à-dire de leur donner quelques notions des influences physiques et morales qui sont nuisibles à leur santé, et de celles qui lui sont propices, afin qu'elles puissent se soustraire aux unes et se mettre en rapport avec les autres? N'importe-t-il pas de leur donner quelques idées de la succession des phénomènes de cette grande nature, étincelante de miracles, qui les frapperaient d'enthousiasme et d'attendrissement à la vue des magnifiques créations de la puissance éternelle? N'importerait-il pas de leur donner une idée des annales historiques de leur pays, et de celles des autres nations qui ont figuré avec le plus de distinction sur la scène du monde?... de leur faire remarquer qu'à toutes les époques les révoltes et les bouleversements des empires ont toujours été plus funestes aux dernières classes sociales, qui avaient servi d'instruments pour les opérer, qu'aux classes plus élevées de la société!.. Que les droits féodaux, ces priviléges arbitraires et odieux, étaient déjà abolis sous la monarchie constitutionnelle, quelques années avant la république de 93; que ce furent les seigneurs euxmêmes qui, par un élan d'entraînement sublime, subjugués par l'éclatante évidence du bon droit, firent, le 4 août 1790, le sacrifice entier de leurs prérogatives, dont la raison avait suffisamment préparé la chute!... Que l'écroulement de nos institutions monarchiques et la mort du plus infortuné des rois n'eurent lieu que parce que ce prince refusa de sanctionner un décret qui abolissait la liberté des croyances et des cultes, et qu'il ne voulait pas se rendre, avec les libéraux d'alors, le tyran de la conscience de ses sujets!... Que la proclamation et les bienfaits des formes républicaines n'ajoutèrent à la destruction déjà accomplie des abus féodaux, que du sang, de l'effroi et des forfaits!... Que les droits révoltants de la féodalité n'existèrent pas seulement sous les monarchies, mais sous toutes les sortes de gouvernements républicains.... Que la république romaine si vantée, tint dans ses fers presque toutes les nations de l'univers connu, et se faisait un jeu d'outrager l'humanité dans ses esclaves!... Que la république de Lacédémone, non-seulement faisait labourer ses terres par des hommes asservis, opprimés, mais qu'elle les faisait immoler par milliers quand ils lui semblaient être trop nombreux, et menaçaient son affreux despotisme!..... Qu'à Athènes, cité moins barbare, il y avait encore treize esclaves pour un homme libre [1].

[1] Voici un échantillon des enseignements historiques et politiques habituels de la *Feuille du Village* :

« Les royalistes se plaignent depuis un demi-siècle des rigueurs de la première république à leur égard; mais ils se gardent bien de parler de celles dont leurs aïeux se sont rendus coupables contre nous autres. Or, balance faite, les royalistes sont en avance à l'égard du peuple.

« Ainsi l'ancien régime, même sous Louis XVI, envoyait aux galères, marqués d'un fer rouge, les braconniers; la révolution abolit ces peines : de quel côté était la justice. » (La *Feuille du Village* du 28 juillet 1830.

Ce bonhomme suppose que tous les royalistes sont des descendants de seigneurs! et il enseigne cela aux habitants de la campagne; dans quelle intention?

LETTRE QUATRIÈME.

Sur la transformation du vieux monde, et sur ses promoteurs.

>*Cedite Romani, cedite Grilli, nescio quid majus nascitur.*
>
>Cédez Grecs, cédez Romains; je ne sais quoi de plus grand que tout ce que l'œil de l'homme a contemplé dans le passé, se lève parmi nous!

L'ancien monde se transforme, s'écroule, s'écrie-t-on de toutes parts; réjouissez-vous, jeune génération! un nouveau monde de vertu, de bonheur et d'amour commence; l'humanité tout entière en travail surgit enfin désormais à l'élévation de ses destinées, tout ce qui a quelque étincelle dans l'âme s'élance irrésistiblement vers l'accomplissement de cette rénovation tardive; on voue aujourd'hui à un anathème dont ils ne se relèveront plus, les criants abus du passé qui fuit si rapidement de nous! Un petit nombre d'hommes solitaires, rétrogrades, au milieu des récentes splendeurs qui gagnent à vue d'œil l'univers, retiennent honteusement les traditions des tartufes, des Escobars, et s'efforcent en vain de ranimer d'une impuissante main les horribles doctrines du jésuitisme, qui justifie tous les crimes : l'avillissante dissimulation, l'hypocrite fourberie, les lâchetés de l'injuste détraction. « Si ce n'est point Tartufe qui a fait telle loi, dit M. Victor Hugo, c'est à coup sûr Escobar qui l'a baptisée. » « Mais cessez vos jongleries, vos fantasmagories d'anarchie et de démagogie[1], » reprend-il énergiquement. Allons donc nous édifier à si bonne école, et examinons avec quel éclat pur brille le monde en voie de régénération, et à quel degré il porte l'amour de la franchise, de l'impartialité, de la justice, de la fraternité. Un journal avait démontré, dans un article, que dans certaines circonstances les auxiliaires naturels d'un gouvernement : la publicité de la presse, l'institution de la garde civique, le jury, altèrent leur essence primitive, et ne suffisent plus pour défendre la société. Une autre feuille du monde nouveau lui fait dire : qu'il faut abolir la presse, le jury, etc.[2], ce qui produit un bien autre effet et tend plus efficacement à flétrir la publication rivale. Un orateur qui appartient encore au vieux monde avait dit qu'il fallait faire à l'intérieur la guerre de Rome au socialisme, et

---

[1] *Ibid.* Voyez le discours de M. Hugo sur le suffrage universel.
[2] La *Presse* du 20 et 21 mai 1850.

avait ajouté plus loin explicativement : « Il faut faire la guerre à l'intérieur par les moyens que permettent la conscience, la justice, la Constitution [1]. » Il était impossible de se méprendre sur le sens des paroles que le représentant avait proférées. Les feuilles publiques du monde nouveau ont élevé un concert de cris d'indignation, et ont proclamé que l'orateur avait fait une déclaration brutale de guerre et avait provoqué les citoyens à s'entr'égorger. « Oui, la guerre, M. de Montalembert le déclare ouvertement, brutalement. Ce que nous faisons, s'écrie-t-il, c'est l'expédition de Rome à l'intérieur contre le socialisme qui nous menace. La guerre, ce serait un crime pour tout le monde; pour vous, c'est plus qu'un crime, c'est un sacrilège [2]. » Après avoir lu dans les feuilles publiques types et dépositaires des vertus modernes, les dénonciations virulentes de sottise, de mauvaise foi, d'altérations de texte et de sens, de transports furieux d'énergumènes de certains orateurs qui n'abondent pas dans leur sens, les bras tombent de saisissement et de stupeur lorsque, parcourant dans ces mêmes feuilles avec la plus scrupuleuse attention les discours des orateurs incriminés, on voit qu'il n'existe de déraison, de mauvaise foi, d'altérations de texte et de marques d'emportement

---

[1] La *Presse* du 23 juin 1850.
[2] La *Presse* du 23 juin 1850.

furieux que dans ces critiques que la passion aveugle et met hors de sens[1], le tout à la gloire du monde qui se régénère, et pour inaugurer le règne de la plus incorruptible impartialité ! Dirons-nous que sous leur plume prompte à se pénétrer d'un âcre fiel, les paroles dures, pleines d'invectives et d'outrages des leurs, sont du courage, de l'énergie sans pareille, que les plus poignants sarcasmes sont de la puissance ; et que les paroles du même genre ou d'un ton beaucoup plus adouci sont, dans leurs adversaires, des irritations les plus dignes de blâme, des provocations intolérables, des accents délirants de fougue, de fureur, de rage ! Que sont les prouesses subtiles d'Escobar près de ces puritains réformateurs ?

La police avait saisi, après de minutieuses recherches, une association de conspirateurs, appelée la Némésis ou des Vengeances, qui, en cas de succès, avait décrété de dépouiller de leurs biens les représentants de la majorité, les ministres, le président, d'abolir les séminaires, de s'emparer de la banque de France, etc., etc. Un publiciste de la régénération nouvelle dit : « Que la police s'est emparée d'une association d'hommes qui n'ont d'autres torts que de s'être mêlé un peu de politique. » N'est-ce pas là ingénieusement blanchir des trames criminelles ? Vous vous y entendez, Messieurs, à

[1] La *Presse* du 24 mai 1850.

la bonne heure! Vous faites avec avantage concurrence au jésuitisme qui, selon vous, justifie tous les crimes. Personne n'a oublié, certes, que l'attentat coupable du Conservatoire, qui devait renverser le gouvernement, mettre la majorité de la législature hors de la loi et ensanglanter Paris, a été également revêtu d'innocentes couleurs!.... Que l'insurrection affreuse et fratricide du 23 juin a trouvé, au sein même de l'enceinte législative, des apologistes complaisants jusqu'à l'impudence! Encore une fois, Messieurs, que vous avez bien raison de tonner contre ces jésuites dont l'infâme casuistique excuse tous les crimes, et qui vous ont perfidement ravi dans une pareille tâche l'honneur de la priorité. Au moment où l'on discutait la loi électorale, et que l'on cherchait à restreindre le suffrage universel, des zélés de l'ère rénovatrice, ennemis mortels d'Escobar et du jésuitisme, ou, selon eux, de la supercherie, ne se sont-ils pas montrés vraiment des hommes d'idée, féconds en expédients heureux, lorsqu'ils se prirent à lever dans toutes les parties de la France des protestations contre le projet de la loi; et que les noms légaux n'affluant pas apparemment selon leurs désirs, ils recueillirent comme appartenant à des citoyens des signatures de femmes et d'enfants, en controuvèrent de fausses pour rendre le nombre plus respectable, et criaient à la foule en certains lieux, que c'était pour empêcher l'invasion [1] ? Mais ce que nous tenons à noter, c'est que les journaux du monde nouveau passent sous silence ces actes de honteuse déloyauté, et les investigations générales de la justice qui les défère aux tribunaux. Combien de fois des députés du monde qui se transforme n'ont-ils point abandonné leur poste sans congé, tout en persistant à toucher leur indemnité de 25 francs qui ne leur était plus due ! Et ce qui relève bien autrement leur horreur pour les escobarderies, n'ont-ils pas fait croire, quoique restant absents, à leur présence près de l'urne du scrutin, comme s'ils jouissaient du privilége de l'ubiguité, par l'entremise de quelque ami officieux du même bord ! Ces habiles stratagêmes, trophées d'une morale flexible, n'éclipsent-ils pas ceux d'Escobar, qui n'est qu'un vrai nain près de ces géants ? Les feuilles publiques de la même couleur révèlent-elles ces infâmies, en font-elles l'objet de leur courroux, de leurs sarcasmes ? Vomissent-elles contre elles la flamme comme la gorge embrasé d'un volcan ? Pas le moins du monde. Leur haine brûlante de la duplicité, de l'improbité n'est donc que feinte hypocrisie, démonstrations risibles de tartufes ! Leurs vanteries d'inviolable impartialité ne sont que des accusations sanglantes contre les habitudes les plus irrécusables de leur

[1] Le *Journal de la Corrèze*, mai 1850.

vie! Ils ne sauraient parler d'Escobar que pour lui donner la main, et prétendre, par des milliers de titres variés, à la gloire de le surpasser! Pourrait-on ne pas être édifié de la conduite de ce praticien ennemi d'Escobar, qui, enthousiasmé du discours de Victor Hugo contre la déportation, attesta dans un écrit public qu'il était allé à l'île de Nouka-hiva, où il a été prouvé juridiquement qu'il n'avait jamais mis le pied, et que le climat y était aussi meurtrier que l'avait dit le poète. Ce faussaire a été condamné par sentence de juge et dégradé pour cet acte avilissant d'imposture. Les feuilles qui travaillent à la transformation vertueuse du monde, et qui frappent de leurs foudres la fourberie jésuitique, la poursuivent à outrance, sans trêve, sans merci, passent encore sous silence cette indignité lâche qui aurait dû allumer leur courroux. Ces hommes ont donc de l'indignation comme ils veulent, quand il leur plaît; toutes leurs parades chaleureuses d'austère intégrité, de loyauté noble, ne sont que des scènes de théâtre, des faux-semblants hypocrites, en un mot, des escobarderies portées à leur point culminant; c'est le grandiose du genre qu'ils ont la finesse de bafouer, pour en tirer partie plus à leur aise. Dans une séance pressante de la Législative, un honorable néophite du baptême nouveau qui a brillé au service du gouvernement provisoire, étant interpellé, nie qu'il ait destitué des préfets dans des circonstances que l'on précise ; on lui en montre sur-le-champ plusieurs qui sont présents! Un autre coryphée de la régénération des sociétés nie, par un élan non moins incoërcible de franchise ingénue, qu'il ait destitué le recteur d'Aix ; plusieurs voix lui ferment aussitôt la bouche en s'écriant : Nous connaissons personnellement le fait. Déclamateurs qui proscrivez la dissimulation, et la marquez avec tant de virulence du sceau de l'opprobre, Escobar, nous vous le répétons, est détrôné ; vous ne nous paraissez vous être tant rués sur cette renommée fameuse, que parce que vous étiez jaloux de la remplacer... Réformateurs exemplaires, ennemis toujours irréconciliables de la détraction, de la calomnie, des rancunes, des vengeances! n'est-il point vrai que si bien que s'y prennent les hommes d'un gouvernement, quel qu'il soit, ils ne trouvent jamais grâce à vos yeux[1]?... Que vous les poursuiviez avec

---

[1] On sait qu'avant notre révolution, Versailles était la résidence habituelle des rois et le siège du gouvernement ; que l'assemblée constituante y tint ses premières séances. On se rappelle également qu'un député avait proposé d'y transporter, dans les circonstances présentes, le siège de la législature et du pouvoir exécutif ; ce qui ne renferme rien d'absurde évidemment ; mais on eût supposé au gouvernement une connivence et des projets hostiles, s'il n'avait point déclaré publiquement être étranger à cette pensée. Voici cependant comme la *Feuille du Village* s'exprime à l'occasion de cette déclaration : « Et ce pauvre M. d'Hautpoul, qui est venu lui aussi déclarer que le gouvernement n'avait pas eu un moment la pensée de porter le siège de l'assemblée nationale ailleurs! Un éclat de rire

un infatigable acharnement?... Que pour mieux faire apprécier leurs actes, vous passez charitablement sous silence les circonstances dans lesquelles ils ont agi, les motifs divers qui ont pu les animer, les faits nombreux de désordre et d'anarchie qui les ont déterminés et dont sont remplis les journaux de province... N'est-il point vrai que quand leur conduite n'offre, dans ses détails appréciables, rien où l'esprit de dénigrement puisse mordre, vous supposez des intentions perfides, des trames souterraines et ténébreuses, des desseins odieux?.. L'étoile d'Escobar a mille fois pâli en présence de ces astres rivaux, soleils d'un monde qui se transforme; elle est forcée de reculer dans l'ombre devant la hardiesse de leurs exploits et la supériorité de leur gloire. Tout est bas, ignoble, pusillanime dans les actes de ceux qui dirigent nos destinées, s'écrie un éternel dénonciateur d'escobarderies, d'hypocrisies, d'esprits vengeurs, d'apostasies, et qui doit s'y connaître, puisqu'il a servi lui-même et tour-à-tour poursuivi avec une persistance acharnée qui a peu d'exemples, tous les partis

---

général (*qui n'a existé que dans la mauvaise foi* du gazetier) a accueilli ces paroles. Si on accusait le ministère d'avoir mis les tours de Notre-Dame dans sa poche, M. d'Hautpoul serait dans le cas de monter à la tribune pour repousser l'accusation (du 2 mai 1850); si le ministre eût gardé le silence, on l'eût accusé de laisser le pays inquiet, alarmé; il a parlé pour prévenir les **faux jugements** et rassurer le pays, c'est un imbécile!

auxquels il a cherché à s'imposer; « là, rien de grand, rien de hardi, rien de courageux[1]... » « Quand on se trompe, on se retire[2].... » C'est dommage, Gros-Jean, que tu ne mènes pas toi-même la besogne de l'État abandonné à des mains si incapables et si indignes ! Avec ton indomptable énergie et tes vives lumières, un brillant destin luirait bientôt sur nous ! Mais patience; la Fortune nous favorise !... Voici que le grand homme entre enfin par un coup de vent dans l'enceinte législative; silence ! Messieurs....; l'intrépide athlète n'attend que l'occasion pour déployer sa puissance; il la recherche, il la provoque cette occasion; elle arrive à souhait ! Un ministre ayant malencontreusement nommé une catastrophe la révolution de 1848, la montagne en masse tressaille d'indignation, fume de courroux, *tange montes et fumigabunt!* Le héros du drame s'élance à la tribune, déclare d'une voix émue que si le ministre n'est pas rappelé à l'ordre ou ne donne point sa démission, sur-le-champ, lui et tous les dieux d'un autre Permesse cesseront de siéger dans le sanctuaire des lois. Un grand évènement se prépare donc si la majorité provoquée ne se montre elle-même irritée de la parole scandaleuse et ne la châtie exemplairement; mais, oh ! incertitudes des choses hu-

---

[1] La *Presse*, *passim*.
[2] La *Presse* du 6 mai 1850.

maines! la majorité contemple impassible et avec une froide indifférence la scène; le ministre n'est ni abattu ni rappelé à l'ordre; la montagne, retenue par une ancre d'or, au lieu de bondir hors de l'enceinte, reste immobile; et l'acteur qui a répondu de sa fuite et de la sienne propre, se cramponne lui-même à sa place!... Était-ce donc pour pratiquer sous une forme inconnue l'héroïsme de l'abnégation ?... « Force et grandeur de nos (réformateurs) modernes, que vous êtes sublimes! et qu'ils sont intrépides la plume à la main'... » Vous avouez donc, étant mis à l'épreuve, que vous n'êtes que des discoureurs sans courage, sans résolution, sans âme; des fanfarons présomptueux!.. Qu'on vous essaie plus sérieusement pendant quelques jours à l'œuvre, et ce génie supérieur des affaires dont vous paraissez posséder les rares et infaillibles lumières dont vous nous vantez le privilége, auront le même résultat misérable; votre passé de héros en imagination et de grand homme d'état en paroles, ne sera plus qu'une mascarade avec des accompagnements pompeux, et une issue burlesque....

N'admire-t-on pas que l'habile critique dont nous venons de rapporter l'aventure presque bouffonne, se glorifie d'avoir souvent changé d'onion et de devoir encore en changer beaucoup!

' Ce texte est de Rousseau.

mais s'il passe si fréquemment d'une opinion à une autre, il juge donc bien à l'étourdi! Un politique à un si haut point inconsidéré, si déplorablement versatile, n'a plus de reproches à faire à personne. Que deviendrait une société, si elle avait à la tête de ses affaires des hommes aussi précipités? Sous l'empire des prétentions universelles et excessives qui ont fait irruption parmi nous, vous entendez des individus qui sont incapables de gouverner passablement leur famille, qu'ils dépravent et désolent par leurs exemples et leurs penchants, qu'ils ruinent par leur paresse et leur dissipation, se poser malgré cela en censeurs impitoyables des moindres fautes de ceux qui gouvernent trente-six millions d'individus travaillés par toutes les passions, par toutes les erreurs; et ne voyant les choses que par l'étroitesse de leur esprit, n'apercevant qu'un point dans des questions immenses, vous étaler innocemment et du ton le plus imperturbable les merveilles qu'ils opéreraient s'ils étaient à la tête de l'État, sans paraître se douter des obstacles nombreux qui viendraient à chaque instant bouleverser leurs plans magnifiques, leur causer des désappointements cruels et les interdire!

Le vieux monde, dans le vaste cataclysme de ses abus, n'a offert aucun spectacle qui ait plus animé la veine passionnée de nos régénérateurs, que celui des courtisans faméliques des rois qui, pour s'attirer les faveurs de ces maîtres de la terre, grandissent leurs moindres qualités démesurément, sans bon sens, sans pudeur; atténuent ou déguisent effrontément leurs défauts, et les décorent de noms brillants; représentent des hommes faibles, vicieux, pleins de l'amour d'eux-mêmes et des enivrantes fureurs de l'orgueil, comme des êtres parfaits, des espèces de dieux, auxquels ils rendent des hommages suprêmes, à deux genoux dans l'avillissement et la bassesse!... Mais les rois emportés par les révolutions, et les peuples étant substitués à leur place, voilà nos rigides régénérateurs descendus à leur tour au rôle ignoble de flagorneurs de souverains, et non-seulement rehaussent les qualités des peuples par des amplifications hyberboliques, fades et poussées jusqu'au dégoût, légitiment leurs défauts, justifient leurs excès et leurs crimes, auxquels ils imposent les noms pompeux de justice, d'énergie et de grandeur, mais placent sur des autels ces nouvelles idoles, et se prosternent devant elles, les lèvres dans la poussière, reconnaissent et invoquent la puissance suprême de chacun de ces hommes d'un vulgaire qu'ils dédaignent secrètement, et dont ils ne veulent faire que le marchepied méprisé de leur élévation; sacrifiant ainsi le sentiment de la dignité humaine, les lois de l'honneur, les cris de la conscience, les intérêts de la vérité et de la vertu au feu de leur dévorante ambition!... Les voilà donc bassement aux pieds des masses populaires, pour lesquelles ils ne firent jamais de sacrifices lorsqu'ils n'en espéraient rien!.. Les voilà rempants, hypocrites, imposteurs, lâches jusqu'à l'infâmie ! Ne se rappelle-t-on pas qu'aux yeux d'un de ces adulateurs, dans la fièvre de sa servilité, et parlant dans l'enceinte des lois : choisir pour représentant celui qui avait combattu contre les barricades, c'était les relever; et élire qui avait dressé ces barricades, c'était glorifier la paix! Que pour lui le brave qui avait défendu la société contre une poignée de sujets criminels qui s'étaient levés contre elle, était un misérable pris dans le sang et avait combattu le peuple; mais le rebelle contre la société était un des défenseurs du peuple[1]! Ce langage n'est pas celui d'un barbare dont les notions sont plus justes et la parole plus vraie; c'est le sublime d'un esprit dépravé et en délire!

On peut maintenant se former une idée assez juste des transformations réelles que subit le monde ancien : c'est la rare métamorphose d'ambitieux qui, ne pouvant espérer d'être les flatteurs des rois, remuent cieux et terre pour devenir les flatteurs des peuples, qui sont plus à leur portée, qu'il leur est plus facile de tromper et de faire servir d'instruments à l'accomplissement de

[1] Voyez le discours de M. Michel de Bourges.

leurs desseins!.... C'est la rare métamorphose d'hommes qui ne possèdent pas, qui sont sans courage ou sans talents pour acquérir, et qui cherchent à se mettre à la place de ceux qui possèdent et à se transformer en propriétaires! C'est la rare métamorphose d'hommes superficiels, irréfléchis, qui s'apparaissent à leurs propres yeux comme des génies méditatifs profonds et nécessaires aux destinées de la patrie... C'est la rare métamorphose de lâches qui s'imaginent être intrépides, magnanimes, héroïques! C'est la métamorphose d'égoïstes aux dures entrailles, et qui veulent se faire passer pour des amis, dévoués jusqu'à l'abnégation, du peuple et de l'humanité tout entière, qu'ils immoleraient volontiers à leur fanatisme et à leur gloire.... C'est la métamorphose d'hommes souillés de vices et de rouballseries, qui se figurent être des lustres radieux de vertus peu vulgaires!... C'est la curieuse transmutation du torrent de toutes les corruptions et de tous les crimes allant toujours grossissant; de toutes les prétentions exagérées, qui de petites deviennent grandes, de grandes deviennent extrêmes, inassouvissables....

« Tous les vrais socialistes, croient, écrit-on, à la possibilité de faire jouir la société humaine du bien-être universel, au sein de la paix, de la liberté et de la fraternité. »

« Je veux au même degré, dit un autre, le suffrage universel et le bien-être universel, l'un est aussi possible que l'autre. »

Il est indubitable pour tous que notre état social est susceptible de beaucoup d'améliorations secondaires; et que ces améliorations doivent s'opérer inévitablement, mais lentement, sans secousse, comme s'est accomplie l'abolition des droits féodaux, à mesure que certaines questions plus approfondies, reprises avec persévérance, représentées sous toutes leurs faces, feront ressortir avec une plus irrésistible évidence la nécessité morale de ces perfectionnements sociaux. L'instruction gratuite pour le pauvre, obligatoire pour tous, donnera à un plus grand nombre d'individus nécessiteux le moyen de s'affranchir des pesantes chaînes du prolétariat.... Ceux qui pourront rendre et garantir, auront la faculté d'emprunter à des conditions plus douces et à de moindres frais de contrats.... Les impôts, mieux proportionnés, seront plus équitablement répartis sur les sujets d'une même classe de la hiérarchie sociale; des impôts sagement progressifs allégeront le fardeau des moindres contribuables, en en reportant une partie sur le luxe de l'opulence; un tribut sagement raisonné sur le capital contribuera à ses péréquations philanthropiques.... Les malades des classes inférieures trouveront, dans des associations mutuelles, des secours plus assurés pour les temps où leurs bras, momentanément liés par l'infirmité, ne pourront plus pourvoir à leurs besoins... Le petit nombre de ceux qui atteindront au terme de la vieillesse, et qui auront été probes, recueillera dans des caisses de retraite le soutien du déclin de l'existence; mais y ajoutât-on par impossible le droit au travail, qu'on ne détruirait point des misères nombreuses et d'un degré plus ou moins affreux, qui émanent des vices éternels et à jamais indestructibles des hommes : de la paresse, de la débauche, de la dissipation, du jeu, de la témérité insensée dans le négoce, dans les entreprises industrielles; qu'on ne ferait pas plus disparaître celles, et en si grand nombre, qu'entraînent après eux les fléaux de la terre, les perturbations sociales, les invasions étrangères, les disettes, les sévices des grandes épidémies qui descendent sur toute une région [1], ou visitent tous les peuples. Un bien-être universel aussi parfaitement réalisable que le suffrage universel est donc un rêve de poètes, une imagination superficielle d'utopistes chimériques.

Les causes principales des maux qui assiègent l'homme sur la terre, sont ses passions; et en plus, pour les classes laborieuses, le défaut de travail.

[1] Quand une épidémie générale coïncide avec des temps de disette, presque tous les bras sont inactifs, les travaux délaissés, des opulents eux-mêmes ne percevant plus ou presque plus de revenus de la location de leurs propriétés bâties et autres, et étant dans une sorte de détresse, moins d'états de misère qui abondent peuvent être complètement soulagés.

Ceux qui ôtent aux penchants des hommes leurs freins les plus puissants, les instincts moraux, les sentiments religieux; ceux qui perturbent l'ordre ou qui le menacent par la propagation de doctrines erronées et subversives, et paralysent le cours des travaux, sont donc les plus mortels ennemis du bonheur des peuples, autant que de la perfectibilité de la nature humaine.

La découverte de la théorie la plus propre à établir sur la terre le règne heureux de la fraternité et de bien-être universel est toute faite dans la religion chrétienne [1].

---

[1] Les socialistes et les libéraux exagérés se font une idée très fausse des attributions de la société politique, lorsqu'ils semblent croire qu'elle a le droit de réprimer tous les abus. C'est une indignité sans doute, un crime contre la destinée de l'homme, que de faire un mauvais usage d'un état d'opulence et de traîner sur la terre une vie inutile; mais le riche, pourvu qu'il ne trouble point l'ordre extérieur, n'est comptable de ses désordres qu'à la morale et à la religion, c'est-à-dire au tribunal de Dieu. N'est-ce point aussi une indignité révoltante que certains ouvriers dépensent dans l'intempérance le prix de leur journée, et laissent leur famille dans le besoin? n'est-ce point une indignité qu'ils s'abrutissent, se dépravent, en se livrant aux excès des passions dissolues? n'est-ce point une indignité qu'ils passent leur vie dans la paresse, en feignant de fausses infirmités; n'est-ce point un crime que d'abjurer toute croyance et de se jeter dans les doctrines désespérantes de l'athéisme qui est si funeste à la société? Cette société n'a cependant point le droit d'imposer des croyances, même celle de Dieu; de prescrire la pureté des mœurs, la tempérance, etc., et de punir les vices contraires, lorsque ceux qui s'y livrent ne troublent point actuellement l'ordre public.

Le christianisme ne montrant de grandeur que dans le renoncement à soi-même et le sacrifice de ses intérêts au bien-être d'autrui, celui qui veut être le plus grand au sein de cette religion sublime, devient naturellement le serviteur de tous : l'ambition la plus ardente y mène à l'égalité. Le christianisme, pour empêcher la lutte des passions, les lancent toutes dans l'éternité, où il leur donne des objets infinis; et dans ses entraînements élevés, leur fait dédaigner les biens fragiles de la terre, qui, étant si finis, ne peuvent être possédés par tous, ni satisfaire les désirs immenses d'un seul homme! Que sont, au flambeau des idées chrétiennes, toutes les supériorités de cette courte vie, sinon des emprunts dont on est comptable, et que l'on n'envie pas plus, quand on en est dépourvu, que celui qui a peu emprunté et qui doit peu n'envie celui qui a fait des emprunts considérables et qui doit beaucoup? Sous l'heureux empire du christianisme, tous les hommes s'entr'aident, parce qu'ils se considèrent comme des exilés sur une terre étrangère, et marchent sous un même étendard sacré vers une commune patrie ! Les vrais chrétiens s'aiment, parce qu'ils se sentent tous

---

L'essence de la société, est de protéger les personnes, l'exercice des facultés, les biens justement acquis, tous les droits. La perfection de l'homme et la pratique des vertus privées sont du ressort de la morale et de la religion.

frères, qu'ils ont un même maître dans les cieux, les mêmes espérances, et qu'ils sont destinés à être les membres d'une société éternelle et glorieuse! Le riche aime le pauvre, parce qu'il est établi sa touchante providence sur la terre, et que ses largesses envers lui sont faites à Dieu lui-même! Le pauvre aime le riche, parce qu'il se sent l'objet de ses soins généreux et de son affectueuse tendresse! Ils sont heureux par l'idée de leurs immortelles espérances, par le sentiment de satisfaction que produit la pratique des hautes vertus, par les liens d'amour qui les unissent; ils sont heureux par la contemplation des grandeurs de Dieu, dans les merveilles ravissantes de l'univers qui est son ouvrage! De même que l'on jouit, en lisant la vie d'un illustre personnage et le récit de ses grandes œuvres, ainsi la méditation du chrétien sur cette profusion brillante de créations que la main toute puissante de Dieu a semées dans l'espace, et où sont représentées, comme dans un immense tableau, ses perfections ineffables, exalte le cœur jusqu'aux transports et aux délices sacrées d'un extatique et celeste attendrissement.

« Chose surprenante, dit Montesquieu, la religion chrétienne, qui ne semble tendre qu'à la félicité de l'homme dans une autre vie, fait encore son bonheur dans celle-ci. »

Au dire des prophètes du jour, cette foi passera elle-même. « Mais il suffit qu'une si belle religion ait une fois brillé dans le monde, pour qu'il ne soit plus possible d'en obscurcir l'éclat. Ses ennemis passeront, elle bravera l'effort des tempêtes; et traversant majestueusement l'océan des âges, tandis que les générations s'écouleront à ses pieds, elle marchera d'un pas tranquille et ferme sur leurs tombeaux vers l'éternité pour les juger[1]. »

[1] Ce texte est extrait du 7e volume de la *Philosophie des Sciences*, ouvrage du même auteur.

LETTRE CINQUIÈME,

À M. V. Hugo.

—

Nous avons été presque tenté de vous accuser d'insolence, vous ne vous offenserez point de ce terme, monsieur, l'orsqu'un jour, à la tribune, vous retournant vers les ministres d'État, vous leur avez adressé en face ces paroles dures à ouïr : « Ministres, vous ne savez ce que vous êtes ni ce que vous faites; vous êtes des révolutionnaires de la pire espèce, de l'espèce naïve. Vous avez le talent merveilleux de faire des révolutions, sans le voir, sans le savoir, sans le vouloir, et en voulant faire autre chose[1]. » Persuadé qu'elles vous sont agréables quoique sévères, puisque vous vous en servez, tout partisan que vous êtes de l'égalité, nous emploierons quelquefois, à votre égard et à votre exemple, ces formes indépendantes qui semblent être la politesse suprême des vrais socia-

---

[1] Voyez le discours de M. Hugo, sur le suffrage universel.

listes. Nous commencerons d'abord par vous dire, sous l'inspiration de cette franchise démocratique que vous placez au-dessus de tout, même de la raison : ne comprenez-vous pas, monsieur, que les reproches que vous faites tomber du haut de votre tribunal de censeur, vous sont parfaitement reversibles, et que jusqu'ici vous n'avez su ni ce que vous êtes ni ce que vous faites; vous êtes un révolutionnaire de la pire espèce, de l'espèce naïve; vous avez l'étrange talent de faire des révolutions sans le voir, sans le savoir, sans le vouloir, et en croyant faire autre chose. Ainsi vous vous figurez fermé à jamais l'abîme des révolutions sur la terre, et par vos théories, non-seulement vous les rouvrez sous les pas de vos contemporains, mais vous les éternisez.... Vous vous applaudissez d'être l'ami du progrès, de la perfectibilité humaine et de lui imprimer une impulsion en avant, et ce que vous faites pour seconder son élan ne servirait qu'à le comprimer, et à exposer l'état social à un mouvement rétrograde jusqu'à la barbarie!... Vous pensez être le défenseur désintéressé des droits des peuples, de leur félicité, et vous n'êtes au fond qu'un ennemi de leur bonheur, un fauteur d'agitations et de désordres interminables, au sein de notre société; singularité moins piquante que regrettable, dont vous ne vous doutez pas, mais que nous avons démontrée en analysant vos maximes sur le suffrage universel, et que nous allons établir de nouveau, en discutant vos idées contre la déportation pour crime politique. Afin de juger avec plus d'impartialité et d'exactitude rigoureuse cet important sujet, nous allons retracer en peu de mots les principes rationnels relatifs à l'imputabilité des actions humaines. En général, un acte est d'autant plus imputable à son auteur, d'autant plus digne d'éloge ou de blâme, de châtiment et de récompense, qu'il a été fait avec plus de connaissance de cause, plus de volonté, plus de liberté; car un acte que l'on à accompli sans en connaître la moralité, tous les éléments essentiels, n'est point consenti ou adopté tel qu'il est, on n'en est que la cause matérielle; un acte que l'on fait contre son gré, ou que l'on exécute sous l'influence d'une force intime ou étrangère supérieure qui ne laisse plus, ou presque plus de liberté, ne nous est nullement, ou ne nous est que plus ou moins attribuable, parce qu'il n'est point, ou qu'il est proportionnellement peu voulu, ou parce qu'il est plus au moins le fait de notre volonté, qu'il nous appartient, et reste nôtre en diverses mesures. Cependant la société, dans la punition des délits et des crimes, et dans la gradation des châtiments, ne suit pas toujours la série des degrés régulièrement ascendants de culpabilité intrinsèque et essentielle; elle punit et doit punir d'autant plus un délit ou un crime, que par ses circonstances ou sa nature il est plus propre à provoquer la tentation de le commettre, bien qu'en lui-même il soit moins répréhensible, et qu'il ne donne lieu à aucun effet subséquent grave. Le vol de nuit en pleine campagne suppose dans le délinquant moins d'audace, moins de volonté déterminée de mal faire; la société le punit cependant avec plus de sévérité, parce que le danger d'être surpris et puni étant moindre, on est plus tenté de commettre ce crime; et que là où la tentation de l'individu est plus grande, la peine de la loi doit être plus forte, afin d'arrêter, par des impressions plus vives d'effroi, une plus entraînante disposition à mal faire, et de proportionner la défense au péril.

La loi punit davantage le vol dans une maison momentanément déserte et fermée, que le vol commis dans une habitation ouverte et occupée, bien que le premier crime suppose dans l'agent moins de détermination et d'audace que le second; parce que là où l'homme cesse de veiller, il faut que la loi veille à sa place, et que là où les sujets à inspirations équivoques ou malintentionnées sont plus tentés de se livrer au crime par l'espoir de l'impunité, il faut que la loi redouble ses sévices pour les arrêter par de plus puissants sentiments de terreur. On n'a point élevé de reproche de ce que, dans la révolution de 1848, on avait puni sur-le-champ de mort le délit de vol, parce que le danger de ce crime était alors plus imminent, et que dans le désordre de cette perturbation générale, on était plus violemment poussé à s'en rendre coupable. Il faut que la loi s'expose quelquefois à punir même un innocent ; par exemple, elle condamne à une amende l'individu dont l'animal furieux a, malgré lui, dévasté la propriété d'autrui ; car si de tels délits purement matériels demeuraient impunis, maints individus se mettraient trop peu en peine de prendre des mesures pour prévenir ces accidents, et il serait trop facile à certains hommes mal inspirés de prétexter l'impuissance de contenir un animal, irrité pour se livrer à des vengeances préméditées contre un ennemi, ou satisfaire des inclinations bizarres à de mauvais tours. Or, dans ce temps, les attentats criminels contre la société menacent d'être incessants, affreusement périodiques, une monomanie; à chaque loi importante de répression qui sort des délibérations de la législature, à chaque acte de quelque gravité et de quelque énergie qu'exécute le gouvernement, la rébellion armée, agitée, convulsée par les bouillons de l'impatience, est prête à descendre dans la rue; ce n'est qu'à grand'peine, qu'au moyen d'un déploiement effrayant de forces redoutables, on en contient les effervescences impétueuses; on découvre sans cesse par toute la France des préparatifs secrets d'insurrection. Niera-t-on les conséquences durables, étendues, horribles, des révolutions et des bouleversements politiques des États? Nous ne connaissons que trop les soudains torrents de maux qui s'échappent de ces sources fatales et qui inondent de leurs flots amers le sol déchiré de la patrie! La société doit donc proclamer et faire sentir à tous, par la grandeur des châtiments, la grandeur des crimes; et par les degrés plus élevés d'une salutaire terreur, conjurer de plus terribles dangers, prévenir de plus grands désastres. L'exil dans une région voisine ne serait point une peine pour les conspirateurs, mais le moyen de jeter plus d'éclat, de surgir à une sorte de célébrité inattendue, de se ménager un retour triomphal parmi les leurs, et de se faire décerner les palmes du martyre. Cet exil n'écarterait point les dangers; du sein de leur asile, et sous les yeux de l'Europe, les factieux ne continuent-ils pas de jeter au cœur encore saignant de la patrie abîmée des brandons de discorde? n'y entretiennent-ils pas des ferments de désordre habituels? n'y troublent-ils pas, par tous les moyens qui sont en leur puissance, la paix, la sécurité : animés du funeste espoir de rentrer avec gloire, le front décoré de la couronne des victimes, l'âme pleine de courroux et prête à nous faire payer cher l'insuffisante punition de leurs forfaits? Ils ne seraient donc frappés par la loi, ces hommes criminels, que comme des descendants innocents d'un souverain proscrit! Un représentant ayant soutenu à la tribune que le bannissement dans une contrée voisine était une peine et une précaution suffisantes, un publiciste à prétentions régénératrices a écrit que cet orateur a rétabli les vrais principes; il fallait ajouter : de l'anarchie et de la rébellion. Les idées les moins acceptables, les plus absurdes, deviennent des principes sacrés pour les passions des partis. La société pourvoîrait-elle assez sûrement à sa défense par la déportation des fauteurs de catastrophes dans des régions d'Amérique, où nulle part ils ne pourraient être gardés? Le transport aux frais de l'État dans un pays où on se rend volontairement pour faire fortune, serait pour un grand nombre un bienfait, une heureuse occasion de travailler à leur bien-être et à celui de leurs familles avec un succès plus probable, avec de brillantes perspectives ; l'ancien et le nouveau continents ayant des relations non interrompues, ils pourraient encore de là faire entendre leurs voix en Europe, encourager les folles espérances, enflammer les passions, et tramer des soulèvements d'autant plus faciles à organiser, que l'insuccès n'aurait pour les complices que des suites si peu fâcheuses! Mais, direz-vous, les conduire à quatre mille cinq cents lieues de leur pays, à l'île de Nouka-hiva, dans la vallée de Vaïtau, sous un ciel embrasé, l'immensité des mers les séparant de leurs parents, de leurs amis, de leurs familles, du sol qui les a vu naître!... Eh! oui, c'est la perspective de cet éloignement, de cette immensité, de cette séparation affreuse, qui doit les frapper de terreur, les empêcher de se rendre coupables ou de le devenir aussi souvent, et rassurer la société contre leurs penchants presque incoërcibles à intriguer, à conjurer contre son repos, et à lui préparer d'irréparables malheurs!... Eh quoi! vous vous montrez si sensibles pour une poignée de factieux déterminés à immoler à leur égoïsme tout une belle nation, et vous n'êtes point émus des maux incalculables qu'ils appellent sur la tête de tant de millions d'individus! Vous êtes sensibles à la peine des coupables, et vous ne l'êtes pas aux peines bien plus étendues, bien plus graves des innocents! Vous êtes attendris sur les souffrances de quelques hommes criminels, et vous ne l'êtes point sur celles de leurs innombrables victimes! Vous ne vous attendrissez point sur ces ouvriers honnêtes sans travail, sans espoir, dans les angoisses de la misère; sur ces hommes de négoce et d'industrie perdus, et qui entraînent dans leur ruine tant de familles! Vous n'êtes point touchés de ce sang répandu à flots, de ces épouses restées veuves, de ces enfants devenus orphelins, de cette séparation éternelle de leurs époux et de leurs pères immolés à la rage incurable des rebelles! Vous n'êtes point émus de ce deuil universel de la patrie! Quelle idée doit-on se former d'une philanthropie qui n'a d'entrailles que pour la scélératesse; d'une philanthropie qui n'est pas même éclairée dans l'intérêt des coupables, puisqu'elle se refuse aux mesures qui pourraient les empêcher de le devenir? Ce n'est donc point l'amour de l'humanité qui anime vos efforts ; mais un fanatisme barbare, une aberration criminelle de sensibilité, ou plutôt d'esprit ; car toutes ces démonstrations de pitié affectueuse et dévouée pour l'être souffrant, ne sont encore qu'une indigne momerie, qu'une manie de convention et de parti.

S'il est des individus qui se jettent dans les attentats politiques auparavant dignes de mort, dirigés par des intentions généreuses, c'est le très petit nombre ; la plupart des conspirateurs sont des hommes d'anarchie ou des ambitieux. La société ne pouvant constater ces nobles intentions, ne saurait y avoir égard en aucun cas ; il serait trop facile d'alléguer de pareils motifs. Au surplus, les révolutions opérés par les hommes égarés, étant aussi désastreuses que celles qui sont exécutées par des hommes pervers, la société doit également terrifier les uns et les autres, pour les empêcher d'accumuler sur elle les plus grandes calamités, ou rendre celles-ci moins fréquentes. On a essayé d'intimider les législateurs dans leurs desseins courageux, en leur faisant entrevoir qu'ils pourraient être un jour frappés par les lois qu'ils auraient décrétées [1]. Mais ces lois n'étant que

---

[1] Quand les hommes mettent un excès de sévérité dans leurs

contre les auteurs de conspirations jugés autrefois dignes de mort, les législateurs n'ont rien à craindre de leur œuvre, s'ils n'ont pas envie de conspirer, dans les temps ordinaires de calme, sous l'empire de la justice; et s'il survient des temps orageux de bouleversement et de tyrannie, où les lois sont suspendues, où la justice est muette, des lois de douceur ne les sauveraient pas. La constitution qui déclarait inviolable le plus à plaindre des rois, à l'époque de nos troubles de lugubre mémoire, ne lui a pas épargné la hâche du bourreau, une foule d'innocents n'ont point trouvé d'abri dans les lois les plus sacrées de la justice; et ceux qui encombraient les prisons de Paris le 2 septembre 1792 n'étaient condamnés qu'à la déportation lorsque la hâche révolutionnaire les sacrifia dans un vaste massacre. Les législateurs, sous un semblable régime de terreur, chercheraient donc en vain un asile dans l'indulgence de leurs lois; ils n'auraient qu'à se reprocher de n'avoir point arrêté par des moyens plus sévères les accès toujours croissants de sourde fureur des tyrans qui les broieraient alors sous leurs pieds. La monomanie de notre ère de transmutation universelle, est de réserver à des scélérats des sentiments de préférence au détriment de la société

---

lois, dites-vous, Dieu y met la justice, et il se sert de ces mêmes lois pour les punir.

qu'ils combattent, et en faisant bon marché des innocents. On crie de toutes parts à l'abolition de la peine capitale sur la terre dans tous les cas ; mais la peine de mort ne sauvât-elle qu'une seule victime en dix années, qu'elle devrait encore être maintenue ; parce que les droits de l'innocent à la vie sont certains, et que ceux des assassins ne le sont pas. Cette seule observation résout pratiquement le problème. Mais voici qu'un orateur de la Drôme, pour faire triompher cette cause philantropique, fait tomber du haut de la tribune ce raisonnement qu'il croit sans réplique : « Nulle puissance sur la terre n'a le droit de condamner à mort un innocent : or, la société humaine n'est point infaillible dans ses décrets ; et quand elle condamne un coupable, elle peut frapper un innocent ; nul pouvoir humain ne saurait donc s'arroger le droit de punir du dernier supplice. » Ce raisonnement irait beaucoup trop loin s'il était juste ; car la société n'est pas plus infaillible sur les crimes qui mènent au bagne, à la réclusion, ou à toute autre peine, que sur les crimes qui conduisent à l'échafaud. Si donc, à raison du défaut d'infaillibilé qu'on lui supposerait, on ne lui reconnaissait point le droit de condamner à mort, il faudrait en même temps lui contester sérieusement le droit de prononcer aucune condamnation quelle qu'elle puisse être ; ce serait inévitable. Mais éclaircissons par une distinction facile les principes de la prétendue démonstration qu'on nous oppose : nulle puissance sur la terre n'a le droit de condamner positivement à perdre la vie un innocent reconnu, rien de plus vrai ; mais nulle puissance morale sur la terre n'a le droit d'exposer un innocent dans aucun cas à périr, rien de plus faux ; car dans une foule de circonstances la société a, pour sa défense et pour le bien général, le droit indubitable et nécessaire d'exposer l'innocent à perdre la vie ; et chaque citoyen, par son acquiescement au contrat social doit consentir à encourir cette chance plus rare de mort, par ordre de la société, ou par le glaive de la loi, pour ne point encourir des chances multipliées de trépas violent sous les coups d'un ennemi étranger, ou sous ceux d'un assassin. La société n'envoie-t-elle pas sur un champ de bataille ou dans des voyages lointains des milliers d'innocents qu'elle expose à périr pour repousser l'irruption d'un agresseur, ou dans l'intérêt de la prospérité générale ? Chaque individu est obligé, pour sa propre conservation, d'affronter mille dangers de mort dans l'exercice de sa profession, etc. Si le citoyen, par son assentiment au pacte fédéral, n'acceptait pas la chance de périr innocemment, dans des cas infiniment rares, par une méprise de la justice, la société ne pourrait porter de sentence de mort que lorsqu'elle aurait une certitude absolue ; un grand nombre de meurtriers seraient sûrs d'échapper à la vengeance des lois, seraient contenus par une moindre terreur; leurs victimes seraient plus nombreuses, chaque membre de la société encourrait plus de dangers. La sagesse ne veut-elle pas que l'on préfère un moindre mal à un plus grand? La société humaine, dites-vous, n'est point infaillible; en tout, je l'accorde; en rien, je le nie; nul ne saurait contester que s'il est des crimes dont on ne saurait s'assurer absolument, il en est d'autres dont on peut acquérir une entière certitude; lors même que la société ne pourrait prononcer d'arrêt de mort que quand elle n'encourrait aucun péril de condamner un innocent, on ne serait point encore autorisé pour cela à abolir dans tous les cas la peine du dernier supplice. Il est remarquable, Monsieur, que dans un siècle comme le nôtre, où, selon vous, la jeune génération, la face inondée de lumière et tournée vers l'orient, contemple l'avenir gros de prodiges, et où il fait si grand jour, que les plus minces paralogismes, les plus sottes erreurs en imposent à nos hautes capacités, et les élèvent par leurs irradiations jusqu'à l'enthousiasme. Il leur faut bien moins encore; des mots les satisfont et les abusent; et quand dans le monde régénéré on jette à la tête d'un adversaire les noms prodigués jusqu'à satiété de tartufe, d'Escobar, de jésuite, d'aristo, de réac, et autres puérilités stupides, on croit le confondre puissamment. Mais quand je nommerai le vénérable M. Pierre Leroux, quelque peu fastidieux, *rubro-comus*, aurai-je pour cela anéanti le brillant système de sa triade et de son circulus? quand j'aurai qualifié le raisonnement que nous venons de discuter, de *galimathieux*, aurai-je pour cela prouvé qu'il est de la plus mince profondeur, ou qu'il n'a pas le sens commun? quand j'aurai nommé une *rubromomerie*, une *hugomomerie*, une *philogueuserie*, l'oraison sentimentale de M. Hugo sur la déportation, aurai-je pour cela démontré, Monsieur, que la plupart de vos discours ne sont que des convois de synonymes, épithètes, substantifs, etc., d'exagérations choquantes, de gigantesques figures, d'incommensurables hyperboles, passant *à toute vapeur* devant les regards éblouis de la pensée?... Aurai-je livré à l'admiration des hommes ces tropes frappantes où vous représentez les membres de la majorité législative comme démolissant, par leurs lois de répression, Paris jusqu'à sa dernière maison, la France jusqu'à son dernier hameau : figure comparable à celle où, dans vos hautes poésies, vous représentez les rois à table, mangeant les mondes, j'ai presque dit avalant les étoiles, en présence des peuples qui regardent par les vitres?..... Aurai-je fait sentir, par exemple, combien est burlesque cette image sous laquelle vous représentez la presse, quand vous dites que l'imprimerie est une écritoire élevée à sa plus haute puissance, comme si la grandeur, l'immensité même d'une écritoire, rendait plus rapide la main qui trace des caractères; et comme si l'imprimerie, ou la presse, n'était pas la plume de l'écrivain portée à sa plus haute puissance d'activité?... Lorsqu'on lit certains discours de M. Hugo (c'est par respect, Monsieur, que nous vous parlons quelquefois à la troisième personne), on se rappelle involontairement ce roi d'Yvetot qui, n'ayant dans sa milice que trois hommes, leur faisait écarter les jambes pour rendre la colonne plus respectable, ou qui, se plaçant entre deux portes, les faisait entrer par l'une et sortir par l'autre, et passer incessamment devant lui pour se donner l'air d'une plus imposante puissance[1]!...

[1] Quand j'aurai imposé aux propagateurs infatigables d'insurrections les noms de *néo-Jacques*, de fauteurs de *néo-jacquerie ;* aux partisans chaleureux des associations universelles d'ouvriers sous la direction de l'État, de communauté cabétienne, etc., les noms de *pseudo-capucins*, ou d'apôtres de *pseudo-capucinisme ;* quand j'aurai opposé les *rubro*, les *néo*, les *pseudo* aux *réacs* et aux *aristos*, aurai-je fait savoir pour cela que ces dégradantes théories, ôtant à l'homme tout motif de développer ses facultés, ses moyens de les pousser le plus loin possible, et d'en retirer le plus de produits, font que l'homme très fort ne travaille que comme le faible, que le courageux ne travaille que comme le sujet sans courage, que l'habile ne travaille que comme celui qui est inapte, etc., privent la société d'une grande partie du produit de ses forces, réduisent par conséquent tous les citoyens à une médiocrité extrême, à la détresse, et aux horreurs de la plus profonde misère dans les temps de pénurie?

Il prend quelquefois en fantaisie à des hommes, d'ailleurs bien

Les grands directeurs du mouvement social, ceux qui portent le fanal devant les phalanges du jeune monde, se gardent bien de prendre la peine d'ana-

intentionnés, de se récrier que le socialisme est un fantôme !... Le *Monde nouveau*, écrit périodique que Louis Blanc nous envoie de Londres, et que de chauds partisans propagent avec zèle, n'est-il qu'un fantôme ? Ou ne prêche-t-il pas l'abolition des salaires, ce qu'il nomme l'exploitation de l'homme par l'homme, comme si tous les hommes ne s'exploitaient point les uns les autres, ayant des talents divers; l'association universelle des ouvriers, pour exercer les arts industriels et cultiver les champs sous la direction de l'état ? Le *Proscrit de Londres*, autre écrit périodique lancé parmi nous, n'est-il qu'un fantôme ? La déclaration de M. de Flotte, à la tribune, que lui et les siens professaient des doctrines absolues auxquelles la majorité du pays ne croyait pas encore, n'est-il qu'un fantôme ?... Tous ces cris de *vive la sociale ! à bas les riches, les aristos !* etc., proférés dans les villes de province, ne sont-ils qu'un fantôme ? Ces discours que l'on entend habituellement dans une foule d'ateliers, et qui ne sont que le commentaire des cris anarchiques indiqués, ne sont-ils que des fantômes ?... Les prédications opiniâtres d'apôtres de tous les rangs, de toutes les professions, déguisés sous toutes les formes, que l'on surprend par toute la France, dans ses cabarets, sur ses places publiques, etc., ne sont-ils que des fantômes ?... Les doctrines qu'ils proclament, direz-vous, sont absurdes et impraticables !.. En sont-elles moins dangereuses ? Les tentatives criminelles et absurdes ne sont-elles pas éternellement à l'ordre du jour, sur la terre ? Babœuf et ses disciples, qui prêchaient la loi agraire impossible à pratiquer, ne tramaient-ils pas, le poignard à la main, dans le club du Panthéon ? n'y décidèrent-ils pas une insurrection qu'ils réalisèrent, et où ils furent en partie massacrés, en partie pris, puis condamnés à mort ou à la déportation ? Les folies les plus inouies ne sont pas celles contre lesquelles il faille le moins se prémunir, surtout lyser avec scrupule leurs idées avant de les jeter dans la circulation. Ceux là proclament que la liberté illimitée est la seule garantie du progrès, et le gage du salut des nations. La liberté restreinte, dites-vous, n'a pas empêché les gouvernements de crouler, et d'éprouver d'effrayantes perturbations ; mais sous l'empire d'une liberté illimitée, ils eussent infiniment moins durés, et eussent vécu dans un cercle de troubles continuels ; la monarchie française qui, avec la limite des libertés, a pu traverser sans périr quatorze siècles, aurait, avec des libertés sans bornes, à peine compté quelques années d'une précaire existence. Des libertés illimitées laisseraient les passions sans frein, provoquraient leurs emportements, des conflits sans trêve parmi les hommes, l'extermination. Une liberté illimitée serait un océan privé de ses rivages, et dont les vagues soulevées par des souffles orageux auraient bientôt submergé toute la terre. N'est-il point évident qu'une liberté illimitée d'un seul homme serait nécessairement l'esclavage de tous les autres ? Que

---

quand elles favorisent toutes les passions, précipitent l'homme par tous ses penchants, outre qu'il y a des têtes faites exprès pour toutes les sottises. Combien n'est-il pas de lieux de la France où, après la révolution de février, les hommes d'une certaine aisance n'osaient plus sortir, tant les principes de spoliation y avaient monté dangereusement les imaginations ?

si, par exemple, dans une assemblée un orateur avait la liberté illimitée de parler, il pourrait toujours occuper la tribune et réduire les autres à la nécessité d'un éternel silence?... Qu'une liberté illimitée et universelle est essentiellement impossible, une conception absurde qui implique contradiction? Les codes des nations n'existent que pour borner la liberté; vous pensez donc que c'est en les livrant aux flammes que l'humanité marcherait plus sûrement et plus rapidement sur la route du progrès et de son bonheur?... Qu'il serait contraire au progrès de faire à l'homme une intimation solennelle de ses devoirs, et de lui donner pour les accomplir de nouveaux motifs! Ils brouillent encore à plaisir toutes les notions, ces publicistes, quand ils opposent la liberté à l'autorité? Car la liberté de tous n'est possible qu'avec les lois: or, les lois ne sauraient régner sans magistrats qui les appliquent; la dépendance de l'autorité est donc une des conditions indispensables de l'existence même de la liberté. Qui croirait que ces habiles reconstructeurs de la machine politique font niaisement aux pouvoirs sociaux un reproche et presque un crime de ne point établir un impôt unique sur le revenu, ou de ne point métamorphoser les impôts existants en assurances entre les mains de l'État? Mais le revenu provient de trois sources générales, c'est-à-dire de propriétés foncières, de capitaux placés, et de l'exercice d'une ou plusieurs professions ; pour établir avec équité l'impôt, il faudrait donc imposer ces trois sources séparément, proportionnellement; la redevance qui en résulterait ne serait par conséquent qu'une addition de plusieurs impôts particuliers, et ne représenterait pas plus un impôt unique que le total ou la collection des habitants d'une ville ne constitue un habitant unique. On comprendra, pour le dire incidemment, combien l'assiette proportionnelle des impôts est difficile, si on veut bien observer qu'en ne déduisant point des revenus la somme des dettes dont ils sont grevés, on fait payer à une multitude d'individus un tribut trop élevé, sans rapport avec leur fortune réelle ; et que si l'on retranche des revenus le chiffre des dettes de chacun, les uns, (et qui peut en déterminer le nombre?) feindront un passif imaginaire pour réduire presque à rien leur cote entière de contribuable ; et les autres, cachant soigneusement d'énormes dettes pour ne point anéantir leur crédit et ne point nuire à leurs opérations industrielles ou commerciales, supporteront un impôt bien supérieur à leur revenu positif, et paieront ainsi pour l'opulent de mauvaise foi. Que gagnerait-on à changer les tributs publics en assurances de ses propriétés et de sa personne entre les mains de l'État? Ne faudrait-il pas que celui-ci prélevât toujours les mêmes valeurs pour couvrir les mêmes frais et subvenir aux mêmes besoins? Mais, ou ces assurances seraient libres, ou elles seraient obligatoires et forcées; si les assurances étaient obligatoires et qu'il ne fût pas loisible à chacun de taxer le prix de ses assurances comme il le voudrait, ce seraient des impôts, le nom seul serait changé. Supposez que les assurances soient libres et qu'il fût permis à chacun de s'assurer ou non, aux conditions qui lui plairait, il dépendrait d'un parti hostile au gouvernement d'arrêter sa marche en ne s'assurant pas; et la négligence naturelle d'une foule d'individus tendrait à amener inévitablement ce résultat. Combien de fois n'ai-je point entendu répéter du ton le plus assuré du triomphe, ce frivol sophisme : les députés ne sont que des mandataires des électeurs qui les ont nommés et qui sont dès-là leurs mandants; or, il est évident que des mandataires ne sont plus rien quand leurs mandants n'ont plus de droits, parce qu'on ne peut représenter des droits qui ne sont plus; les députés nommés par trois millions d'électeurs qu'on a dépouillés de leurs droits de suffrage ne sont donc plus représentants! Ce faux raisonnement s'appuie sur une équivoque : les députés ne sont pas seulement des représentants de ceux qui les ont nommés, ils sont représentants de la nation souveraine, qui adopte comme ses propres élus ceux qui ont été choisis par tel nombre d'individus désignés, quelle que soit la base et quelque doivent être la destinée des droits qu'ils exercent. Dira-t-on que si chaque député est le représentant de la nation toute entière, la minorité doit être l'égale en pouvoirs de la majorité, et rendre nulles ses volontés? Mais lorsque la nation, seule en possession de la souveraineté politique dans sa plénitude, admet chaque député comme son élu propre, ce n'est pas en tant que représentant ses opinions, mais en tant que représentant une fraction de sa puissance; or, elle entend que quand le plus grand nombre de ces fractions a parlé, il devient dépositaire de toute la souveraineté, et sa volonté fait loi comme le ferait la volonté de la nation toute entière elle-même[1]. Quand l'anarchie est dans les têtes, elle descend dans les dispositions morales de la volonté, et menace les

---

[1] Le plus commun et le plus dangereux des sophismes pour nous, c'est celui qui consiste à prendre les États-Unis et l'Angleterre pour modèles, et à conclure que ce qui se fait sans inconvénient dans ces deux pays, pourrait de même se réaliser chez nous avec aussi peu de mauvaises suites. Des agitations populaires, des attentats, n'influent pas sensiblement sur les affaires, dans ces contrées, dont les habitants ont un caractère particulier; tandis que chez nous, la moindre démarche d'un homme public, un bruit peu fondé de guerre, une élection à faire, une appréhension bien ou mal fondée de mauvais choix, influent sur les transactions commerciales, sur le crédit public, sur les opérations de la bourse, sur les travaux et sur le bien-être de toute une vaste population.

Les nations qu'on nous présente pour types peuvent poursuivre le cours de leurs prospérités à travers des orages qui ne nous apporteraient que des désastres.

sociétés. Le vice suprême des intelligences de notre époque, est la fausseté superficielle des jugements; les opinions sont dictées par l'imagination, qui devient par là la reine du monde; on cultive avec une faveur exagérée, abusive, cette faculté au préjudice de la raison, qui reste infirme. La philosophie classique, qui devrait prévenir ces écarts est elle-même tellement fausse dans ses principes fondamentaux et dans les lois qui en dérivent, qu'elle sanctionne toutes les chimères, et qu'elle verse à flots l'erreur jusque sur les sciences que l'on nomme positives ; on s'est plu à faire un amalgame si misérable d'idées vagues et hétérogènes d'éléments inconciliables, qu'on peut hardiment porter le défi à ses plus habiles défenseurs d'en donner une définition qui puisse supporter un instant d'examen. N'est-ce point une honte de faire perdre aux jeunes gens un temps précieux et fort long à s'embarrasser la tête d'un ténébreux chaos d'idées qui se détruisent, de palpables et frivoles rêveries de la raison que l'expérience la plus vulgaire foudroie ; à apprendre de vains simulacres de doctrines qui ne sont propres qu'à fausser leur jugement, quand elles devraient en rectifier les importantes opérations et les tendances vicieuses ; qui obscurciront fâcheusement et rétréciront leur entendement, au lieu de l'agrandir, de l'élever, d'accroître sa puissance ; qui, bien loin de leur faire mieux apprécier les choses, ne serviront qu'à les leur faire juger plus fantastiquement, d'une manière plus erronée, et les plonger dans des illusions dangereuses, même sur les choses ordinaires de la vie; qui, loin d'aplanir devant eux, dans la carrière des sciences, les obstacles, d'animer, en les fécondant, leurs efforts, n'auront d'autre effet que de multiplier les entraves, devant leurs pas, de décourager leurs élans, et de leur faire embrasser comme la vérité démontrée le faux et l'absurde; qui ne serviront qu'à étouffer leurs facultés sous l'ignoble poids d'éternels préjugés, tandis qu'elles devraient les orner des notions précieuses et souveraines qui doivent dominer le monde intellectuel. Naguère, dans une séance solennelle, à Paris, un organe de l'enseignement public, pour justifier la large part que l'on donne dans le cours de l'éducation nationale aux études philosophiques, dit que « la philosophie qui y fait l'objet de l'application des jeunes gens, croit à la vertu, à la morale, au bien, confirme les instincts du bon sens, légitime les croyances du genre humain; qu'à l'aide de la raison pure, on s'élève à la chaîne des rapports qui lient entre eux, Dieu, l'homme et la nature, etc.[1] » Ce respectable panégyriste de la philosophie toute aérienne et radicalement anarchique[2] des écoles a

---

[1] Voyez, dans les journaux du mois d'août, les extraits du discours d'un inspecteur des études, à la distribution des prix du Collège Louis-le-Grand, à Paris.

[2] Cette philosophie est arbitraire et anarchique, puis qu'elle

oublié de dire que cette philosophie conduit également à l'exclusion de la morale, à la négation absolue des croyances du genre humain ; qu'elle établit avec la même facilité, avec une désespérante puissance, sur le même sujet, le pour et le contre, le oui et le non ; qu'à l'aide de la raison pure, on démontre sans réplique, et avec une entraînante évidence, l'impossibilité de tous les phénomènes du monde matériel et du monde moral, c'est-à-dire des choses dont nous pouvons le moins douter! qu'il n'est pas un seul des raisonnements dont elle étaie les vérités les plus importantes de l'ordre intellectuel, par exemple l'existence du Dieu auteur de l'univers, qui ne soit un futil sophisme que l'on peut retourner contre elle ; que c'est pour cela qu'un scepticisme déplorable s'est glissé dans une foule d'esprits, sur des points d'admission essentielle et incontestable ; et que les ouvrages des plus célèbres interprêtes de la philosophie fourmillent de contradictions aussi révoltantes que continues. Une nouvelle doctrine a frappé mortellement cet édifice fragile et prétentieux d'impertinence dangereuse ; à sa place s'est substituée une science philosophique, désormais aussi inattaquable dans ses

puise ses principes dans la raison pure, et que chacun voit dans la raison pure ce qu'il veut. La nouvelle doctrine n'est ni arbitraire ni anarchique, parce qu'elle n'est que la rigoureuse expression des faits, et dans les principes généraux et dans les lois particulières, c'est-à-dire dans tous les éléments qui la composent.

enseignements que le sont la chute des graves et les lois de l'équilibre, parce que, comme ces vérités, elle n'est que l'expression la plus rigoureuse de faits irrécusables ; nous pourrions ajouter : qu'elle n'est que la formule expresse et plus précise des pensées intimes de tous les bons esprits. La passion que l'on affiche aujourd'hui avec tant de faste pour le progrès va donc être mise à une épreuve décisive. Et que l'on y prenne garde! il y va des intérêts sacrés des familles, des jeunes gens, de la société, de l'honneur même de la France; nous osons espérer que le conseil général de l'Université, composé de membres éclairés et éminents, ne souffrira pas que de si hautes considérations soient sacrifiées à des répugnances d'amour-propre de quelques individualités, et que là où la science doit trouver des mains qui aplanissent la route devant elle, elle ne rencontre pas des résistances, qui du reste n'auraient d'autre effet que d'accroître les efforts d'expansion d'une doctrine toute puissante dans ses éléments, et marquer d'une note d'infâmie cette ère d'aspirations vives, où l'amour du progrès est mis en quelque sorte à l'ordre du jour, et semble s'être transformé en élans enthousiastes et en un culte passionné dans tous les cœurs.

POST-CRIPTUM.

Courte solution d'un grave problème.

—

N'est-il pas plus simple et plus utile d'accorder à la représentation nationale la puissance exécutive, qu'exercerait en son nom et sous sa direction des ministres, que de nommer un président de la république qui à chaque instant peut se trouver en conflit avec la législature, et compliquer les difficultés du gouvernement ?

A cette question nous répondons par cette autre : Est-il plus utile de confier le pouvoir exécutif à des mains irresponsables, qui pourront agir à leur fantaisie, donner dans tous les excès, sans être tenues de rendre compte à personne ? Ce seul énoncé du problème le résout; car ce serait établir dans une république le despotisme le plus absolu et le plus redoutable; en effet, lorsque le despotisme est déféré à un seul homme, ce seul homme sait qu'il est la cause éminente et connue de tous les actes du gouvernement ; que c'est à lui qu'en reviendront l'opprobre ou la gloire, la reconnaissance des peuples ou leur indignation et les dangers; l'arbitraire de ses volontés trouve donc une puissante barrière dans l'opinion. Mais le despotisme d'un corps politique composé d'un grand nombre de membres inconnus ou perdus dans la foule, prenant leurs décisions à la majorité, et qui peuvent tenir secrets leurs suffrages, n'a plus pour l'arrêter cette salutaire terreur de l'opinion. Sont-ce des démocrates, de fanatiques partisans de la liberté, qui osent nous proposer le despotisme le plus illimité, comme la perfection de nos institutions sociales? Les nations de tous les siècles, en divisant la puissance suprême, n'ont-elles eu aucune idée de sagesse?

L'autorité est naturellement ombrageuse, irritable, intolérante de frein et de censure; et plus elle possède de puissance, plus s'accroît en elle cette susceptibilité fatale, cette impatience de critique; conférer à la représentation nationale toutes les parties de la souveraineté, tous les pouvoirs, ce serait donc élever en elle, à leur plus haut degré, des dispositions tyranniques! Il y aurait péril à blâmer ses écarts les plus révoltants; on n'oserait plus s'en plaindre, les soumettre au moindre examen, sans s'exposer à être traduit à sa barre, et frappé de ses rigueurs; opprimé et écrasé, il faudrait se résoudre au silence des esclaves. C'est encore une autre maxime qui reçoit de l'expérience le plus grand éclat, que plus l'autorité a de puissance, plus elle est irrésistiblement entraînée vers les abus; accumuler sur la législature tous les pouvoirs sociaux, ce serait donc encore la lancer sur la pente des plus horribles excès. Direz-vous que la constituante de 1848 réunît tous les rayons de la puissance souveraine sans funeste résultat? Oublie-t-on qu'elle dura peu, qu'elle était placée elle-même sous une sorte de régime de terreur, que peu s'en fallut enfin qu'elle n'abusât!...

Une assemblée législative, une fois, à une époque éternellement mémorable, fut saisie de tous les pouvoirs; ce fut la convention au souvenir sanglant, lugubre, à jamais digne de l'exécration des siècles.

La France, aujourd'hui comme il y a un demi-siècle, pourrait avoir dans sa représentation une majorité anarchique, factieuse; quels seraient alors les immenses dangers de la patrie, si elle avait remis à cette majorité tous les pouvoirs? Il n'y aurait qu'un moyen de prévenir en partie les suites fâcheuses d'une si haute imprudence; ce serait de renouveler chaque année la représentation nationale; mais dans un pays tel que le nôtre, où l'industrie, le commerce, les fonds publics et particuliers sont si impressionnables, s'alarment, reculent, interrompent ou suspendent leurs opérations au plus léger souci, à la moindre inquiétude de l'avenir, nommer chaque année une nouvelle représentation, serait jeter la France dans le dédale des perplexités sans fin, et dans les maux d'une détresse éternelle!

C'est un grave défaut, dans nos institutions, que la législature soit absolue, sans contrepoids rassurant; car dans le cas très possible d'une majorité exagérée dans les exaltations de son libéralisme, la France pourrait être plongée dans de longs désastres sans avoir aucun moyen d'écarter de ses populations d'irréparables malheurs.

On déraisonne aujourd'hui si misérablement sur la politique, même dans des feuilles qui ont des prétentions à la profondeur, qu'on va jusqu'à demander à quoi bon une constitution; cette question revient à celle-ci : A quoi bon la stabilité des institutions, dans un pays comme le nôtre? En effet, nous recueillons d'assez beaux fruits de l'instabilité des formes politiques pour qu'on soit autorisé à dire : à quoi bon la stabilité! Quand ces éducateurs du monde daigneront-ils réfléchir sérieusement, avant de parler[1]?

[1] Dès qu'un peuple, ne pouvant se gouverner par lui-même, remet l'exercice de la puissance souveraine à un ou plusieurs mandataires, ce dépositaire, ou ces dépositaires de la souveraineté contractent nécessairement des obligations envers le peuple qui la leur a conférée; mais ils ont aussi droit à ce que ce peuple leur fournisse tous les moyens dont ils ont besoin pour défendre et faire triompher l'ordre au dedans et au dehors; il y a donc en même temps des obligations de la part de la nation.

Si vous admettez, comme la raison vous oblige à le faire, que le pouvoir exécutif est responsable, il faut que ce devoir soit bien déterminé, afin qu'on sache quand il les viole; que ces droits soient bien précisés, afin qu'on puisse constater quand il les dépasse; les devoirs et les droits du peuple réclament par là même une non moins éclatante fixation. Or, le contrat public dans lequel un peuple et son mandataire ou ses mandataires stipulent la réciprocité de leurs devoirs et de leurs droits, est ce que l'on nomme une *constitution politique*. Toute société régulière, toute forme de gouvernement rationel a donc nécessairement une constitution, et précise, écrite ou non écrite; et les hommes irréfléchis qui s'écrient, comme indiquant l'apogée du perfectionnement de l'état social : *point de constitution!* ne connaissent point la valeur des termes qu'ils profèrent. Aussi vieux que le monde, ces paralogismes : on a abusé de telle chose; donc elle ne vaut rien : telle institution ou telle loi a précédé telle révolution; donc elle en est la cause, sont les perpétuels errements de leur brillante dialectique. Ils ne veulent point d'antagonisme dans les pouvoirs sociaux, et ce n'est que par l'antagonisme de ses puissances que l'univers jouit de ses grandes harmonies! ce n'est que par l'antagonisme de ses facultés que l'homme établit la sagesse dans sa personnalité, et s'élève à l'empire sur lui-même. L'idée monstrueuse de réunir dans un seul homme la puissance législative et le pouvoir exécutif, à charge seulement de rendre compte chaque année devant la nation, leur paraît la solution la plus haute du problème social, et le dernier terme de la science politique. D'après ce que nous avons dit des effets du cumul des pouvoirs dans la représentation nationale, nous croirions faire injure au bon sens du lecteur, que de réfuter la pensée stupide qui, pour le *nec plus ultra* du progrès des institutions gouvernementales, reporte ce cumul insensé sur un seul individu.

Que signifie cette argutie scholastique : que la souveraineté n'est que la volonté du peuple, et que rien n'est plus indivisible que la volonté? La souveraineté est un droit et non une volonté; c'est l'exercice de ce droit qui est un acte de la volonté. Un droit qui s'applique à plusieurs objets est divisible; une volonté complexe peut de même se diviser en autant de parties qu'elle renferme de sortes de déterminations. Les Émile de Girardin, les Proudhon, qui se jettent tous les jours à corps perdu dans ces importantes matières, les traitent à peu près comme les aruspices de Rome traitaient l'art de prophétiser l'avenir, d'après leur imagination. Lorsque ces incandescents et infatigables chevaliers de la politique romanesque, rencontrent leur vérité sur la route, c'est par un pur effet du hasard.

Ce que nous avons établi dans notre première lettre sur le suffrage universel, démontre combien sont dignes de pitié et énormes leurs incessantes divagations sur ce capital sujet.

FIN.

Imp. Ch. Duriez, à Senlis.

www.ingramcontent.com/pod-product-compliance
Lightning Source LLC
Chambersburg PA
CBHW070246100426
42743CB00011B/2150